あなたは才能を15%しか使っていない

8万人のライフコンサルで分かった、
眠れる85%を覚醒させる方法！

ゲット・ラック国際アカデミー主宰
手相家/ 作詞・作曲家
西谷泰人

SOBUN

はじめに

8万人以上の手相鑑定から、つくづく思うこと

本書を手に取ってくださった皆様、有難うございます！

心からこのご縁に、感謝致します。

本書の、『あなたは才能を15％しか使っていない』というタイトルですが、ちょっとドキッとされた方も多いでしょう。

私が、この話をしようと思ったのには、実は大きな理由があります。

私は手相家として47年間、実に8万人以上の方々の手相鑑定をしてきました。その中で、つくづく思っていることがあります。

それは、人は本来持っている才能の、15％ぐらいしか発揮していない、という事です。

死期が近くなって来ると、「私の人生はいったい何だったんだろう」とか、「何だかつまらない人生だったな……」と思う人が多いといいますが、まさにそのせいなのですね。

つまり、「自分はやればもっともっと才能を発揮できたのに、なんだか思ったほど、大した活躍が出来なかったな……」。

という自分の人生に対して、不満足感があるのでしょう。

また、「もっと好きなことをして、幸せをいっぱい味わっても良かったなぁ」。

そんなことを振り返る……とか。

皆さんには、そんな寂しい思いはして欲しくありません。

ですから私は、本書で持てる才能の15％しか発揮できない人生から、フル発揮して思い切り弾ける人生になるための秘訣を、お伝えしていきます。

しっかり心に留めて、今後に活かしてくだされば幸いです。

スティーブ・ジョブズが、死を前にして病院のベッドで言い残した言葉があります。

それを、ここでご紹介します。

スティーブ・ジョブズ（1955〜2011）

他の人の目には、私の人生は、
成功の典型的な縮図に見えるだろう。

しかし仕事をのぞくと、
喜びが少ない人生だった。

人生の終わりには富など、
私が積み上げてきた
人生の単なる事実でしかない。

病気でベッドに寝ていると、
人生が走馬灯のように思い出される。

私がずっとプライドを持っていたこと、
認められることや富は、
迫る死を目の前にして
色あせていき、
何も意味を成さなくなっている。

この暗闇の中で生命維持装置の
グリーンのライトが点滅するのを見つめ、
機械的な音が耳に聞こえてくる。

神の息を感じる。
死がだんだん近づいている…

今やっと理解したことがある。
人生において十分にやっていけるだけの

富を積み上げた後は、
富とは関係のない
他の事を追い求めた方が良い。
もっと大切な何か他のこと。

それは、人間関係や芸術や
または若い頃からの夢かもしれない。
終わりを知らない富の追求は、
人を歪ませてしまう。
私のようにね。

神は誰もの心の中に
富によってもたらされた幻想ではなく、

愛を感じさせるための「感覚」
というものを与えてくださった。

私が勝ち得た富は、
死ぬ時に
一緒に持っていけるものではない。

私が持っていけるものは、
愛情にあふれた思い出だけだ。

これこそが本当の豊かさであり、
あなたとずっと一緒にいてくれるもの、
あなたに力を与えてくれるもの、
あなたの道を照らしてくれるものだ。

愛とは何千マイルも超えて旅をする。
人生には限界はない。
行きたい所に行きなさい。望むところまで高峰を登りなさい。

全てはあなたの心の中にある、
全てはあなたの手の中にあるのだから。

世の中で一番犠牲を払うことになる
「ベット（賭け）」が
何か知ってるかい？

シックベッド（病床）だよ。

あなたのためにドライバーを
誰か雇うこともできる。

お金を作ってもらうこともできる。

だけれど、あなたの代わりに
病気になってくれる人は
見つけることは出来ない。

物質的な物はなくなっても、
また見つけられる。

しかし一つだけ、
無くなってしまっては、
再度見つけられないものがある。

人生だよ。命だよ。

手術室に入る時、その病人は、
まだ読み終えていない
本が一冊あったことに気付くんだ。

「健康な生活を送る本」

あなたの人生が
どのようなステージにあったとしても、
誰もが、いつかは人生の幕を閉じる
日がやってくる。

家族を大切にしてください。
パートナーを大切に、
友人を大切にしてください。
そして自分を

丁寧に扱ってあげてください。
他の人を大切にしてください。

スティーブ・ジョブズ
２０１１年10月５日
妻と親族に看取られ
天国に旅立った
享年56歳

それでは今からお話し致します。

目次

第3章

あなたは「幸せの」15％しか味わっていない——人生を10倍楽しむ方法……129

第1章

あなたは「才能を」15%しか使っていない

――あなたの隠れた才能の見つけ方

第1章　あなたは「才能を」15％しか使っていない——あなたの隠れた才能の見つけ方

自分を知ることが、才能発揮のはじめ！

それではここ第1章では、人は放っておくと才能を15％しか発揮できない、という事をまず述べて、「あなたの隠れた才能の見つけ方」というテーマでお話し致します。

人にはそれぞれ様々な能力があります。本書では3項目を取り上げ、それぞれを各章でお話ししていきます。

「自分の才能を見つける」、「充分なお金を得る」、「幸せの正体を知る」、といった幸せになる3つの能力です。

それでは今から、それら3項目の能力の引き出し方について、お話ししていくことにします。

まず本章では一つ目、「自分の才能を見つける」方法について述べます。

才能を見つける方法❶

一番自分に合った仕事を選ぶ

自分に合う仕事と、合わない仕事を見分ける

自分の能力を100％発揮出来る方法の**一つ目は、自分に一番合った仕事を選ぶ、**ということです。

自分に合っていない仕事を一生懸命やっても、なかなか芽が出ません。

反対に、自分に合った仕事を見つけたら、それはもう水を得た魚のごとく開運し、驚くほどスピーディーに上達して行くことでしょう。

もっとも高齢になった方は、「もう今から知っても遅いな……」と思うかもしれませんが、そんなことはありません。

今からチャレンジしてもいいし、若い人や、転職をしよう、起業をしよう、という方がいたら、ちょっとしたいいアドバイスが出来るでしょう。

サルとウサギと魚の例え

以前私は、講演でこんなことをお話ししました。

サルとウサギと魚の話です。サルは木に登ることに関しては天才的な上、木から木へ自在に飛び移って大活躍です。でも、泳げといっても泳げません。多少は泳げるようになるかもしれませんが、木登りのようには行きません。

ウサギは後ろ足が発達しているので、山を駆け上がるのは得意ですが、下りるのが苦手。また木登りは出来ません。

魚は、水の中ならササーッと素早い動きをしますが、地上を歩けとか走れと言われても、まったく出来ません。やはり水中で自在です。

そのように、動物にも得手不得手あるように、人にも向き不向きがあるのです。

ですから出来ないことや、向かないことをやっていると、人の何倍もの時間や、苦痛や苦労を伴います。

限られた人生ですから、時間がもったいないですね。

本当に非効率なんです。

例えるなら、水商売が向いている人に、かたい法律事務所のようなところで働けと言っても無理ですし、面白くないから続きません。

体を使っているのが気持ちいい体育会系の人に、会社でじっと座っているデスクワークの仕事は苦痛なだけ。

また想像力が優れている人は、単調な事務仕事をしていると、辛い！　才能が腐ってしまうでしょう。

このように向かない仕事に就けば、本来の持てる才能を発揮出来ないだけでなく、何とか出来るようになろうとすると、人の何倍もの時間と労力を強いられることになります。

そのストレスや苦痛は相当なものですし、「自分は才能がないのでは……」と自信をなくすことも多くあるでしょう。

そこで、**そんな無駄な努力をするより、自分が何に向いているかを知るほうが先、**ということです。

才能を見つける方法❷

両親と祖父母の持っている素質が、ヒント！

親を研究すれば、自分の才能が見えてくる

では、どうやって自分に向いていることを探せばいいのでしょうか。

それは**ズバリ自分の両親と、それぞれの祖父母の計6人が持っていた素質を知ること**です。

そうすれば、自分にはどんな遺伝的な素質があるかがわかります。

例えば、お祖父さんが校長先生だったとしたら教育関係の素質がありますし、お母様がピアニストなら、あなたも芸術の才能を秘めているでしょう。

あるいは、父親が商売上手で、いろいろな事業を成功させている、というなら、あなたにも潜在的に商才があるでしょう。

これをDNAが点滅していると表現している人もいます。

つまり、いろいろな能力がある中で、親や先祖が磨き活用した能力は、活性化してDNAが点滅している。だからそれらを受け継いだあなたも、見える才能として受け継いでいる。

また両親・祖父母の代といった近い先祖が磨いた才能は、あなたが生まれたときに両親や祖父母からその素質をコピーして誕生している、と言えます。

原監督の名言：スカウトするとき素質を見抜く方法は、これだ！

巨人の原辰徳監督の言葉に次のようなものがあります。

「選手をスカウトするとき、その選手が大成するかどうかの素質を見抜く方法がある。それは母親のケツ（お尻）の大きさだ！　母親のケツがデカければ、モノになる」（原辰徳）

原さんは経験上、「これだけは間違いないね」といっていました。

これはすごく分かりやすい、親から受け継ぐ体質を見抜く、アスリートの選択法です。入団テスト面接に母親同伴で来てもらって、母親の体つきを見る。

なるほどです。母親の下半身が細ければ、その子供はアスリートには向かないんです。

室伏広治さんとお父さまのエピソード

２００４年のアテネ五輪金メダルを獲得し、紫綬褒章を授与された室伏広治さんは、お父さまが世界的なハンマー投げの名選手で「アジアの鉄人」と呼ばれた室伏重信（前日本記録保持者、中京大学名誉教授。広治自身も「鉄人」と呼ばれている）です。

母親はオリンピックやり投げルーマニア代表のセラフィナ・モーリッツ（ルーマニア語：Serafina Moritz、ハンガリー語：Móritz Szerafina；重信氏との離婚により広治とは生別）。

妹さんはアテネ五輪女子**ハンマー投げ**代表・女子ハンマー投げの日本記録保持者・女子円盤投げの元日本記録保持者の室伏由佳。

そんなスーパーアスリート一家なのですが、父・重信さんは、息子の広治さんに、初めからハンマー投げをさせたりしませんでした。自分の好きなことをしなさいと、ハンマーには一切触れさせなかったのでした。

そこで室伏広治さんは水泳や陸上（幅跳び、三段跳び、ハードル、短距離ｅｔｃ…）、野球などなど、数々のスポーツで活躍をします。

そうして頃合いを見たのでしょう。

高校1年の夏、お父さまが、

「広治、お前一度ハンマーを投げてみないか？」

そういわれたのですね。

そして生まれて初めて投げてみたら、ものすごく飛んだそうです。それで才能に気づいて、世界チャンピオンになるまでに登り詰めたという訳です。

自分の才能って、それほどに分からないものなんです。

親について、もっと研究してみよう！

ですから人間は、親がやっていたものをコピーして生まれて来るので、親が一生懸命取り組んでいたことは、子どもがやっても成功する可能性がとても高い、という事です。

そこで大事になるのは、親についてもっと研究することです。

加山雄三さんがこんなことをおっしゃっていました。

「年を取るにつれて親父の歩き方にそっくりだ、と言われるようになって、嫌になるよ」と。

そのように人は、知らず知らずの内に、無意識に持って生まれた素質が表面化して来るんです。意識するとさらに出て来るようになります。

という訳で、まずは自分に向いていることや、素質が知りたければ、親や祖父母のことをよく調べてみてください。

才能を見つける方法❸
ハチャメチャな親？　それは素質がある！

全部ダメな親はいない？

それでは、こんな事を言う人もいるでしょう。

「自分の親は何の才能もないなぁ、才能どころか、ギャンブルはやるわ、女にはだらしがないわで、ダメだこりゃですわ」と。

でもそうではありません。そんな親でもよ～く観察してみると……。

例えば、父親がギャンブル狂だったとしましょう。すると、自分はギャンブルは止めよう、と反面教師に出来ます。

さらに、**例えギャンブルであっても、物事に熱狂的に打ち込む素質が、いい方向に行けばノーベル賞を取るような研究に没頭する、**情熱の科学者になる資質に繋がったりします。

才能は紙一重なんです。

大酒のみ、女グセの悪い親なら……

また、親が大酒飲みならどうでしょう。それは体を壊してまで、命を縮めたりしてまで、ひたすらお酒を愛する資質が、本人がお酒を警戒し避けるという反面教師にするならば、これはこれで注目すべき情熱という利点になります。

この資質は、自分の身の危険を顧みず、国を愛し国に尽くす素晴らしい大政治家になる可能性もあります。

さらに、むやみに女に夢中になる素質が、商売にスイッチが入れば、その浮気っぽさや、人たらしの才能を活かし、いろいろな商売に着手し、世渡り上手に成功していく、恵まれた商売人になる可能性があります。

もっとも、多くの人が親と同じように大酒のみとなって、若死にしたり、親同様に女で身を亡ぼす可能性はあるでしょう。

でも、平凡でまじめな親を持つ人より、非凡さ、情熱的という点でハチャメチャな分、稀に見る成功をする可能性を秘めているといえます。

チョッとした事からでも、素質は測れる

親を見る場合には、さらに次のような事もみる必要があります。

それは、親が所属していたどんなクラブ活動であっても、そこで活躍した親を持つなら、それは人を率いて繁栄に導ける頼もしい才能だし、親が、人とうまく要領よくやっていたなら、あなたにも交渉や取引きの才能があると言えます。

むしろ真面目で、コツコツときちんと生活している親は、こぢんまりしていて、大きな事をやるにはチョッと資質不足です。

反対に、事業をやるんだと言って独立し、やって失敗したがまたチャレンジしたり、なんとか頑張って持ちこたえている、などなら、その向上意欲や競争力、野心といった面では、事業家として大成する資質を持っていると言えます。

また、女性を口説くのがホント上手いという親を持つならば、あなたは営業力・取引力はピカ一の才能を受け継いでいます。

ですからそんなあなたが、営業の仕事を体験して、ちょっと才能を磨けば、その営業の才で大きな成功を手に入れるでしょう。

このように、まじめで、人が良くて、皆からホント優しくていい人ねと言われる人が、厳

しい競争社会の中で生き抜いていく時に、いいかというと、決してそうではないという事です。

そういう観点から、親や祖父母の素質を観察してください。

才能を見つける方法❹

あなたが15歳ごろ、何に夢中だったか？

あなたは15歳のとき、何に夢中でしたか？

次に才能を知る手がかりは、**あなたが思春期のときに夢中になったもの**を思い出してみる事です。

あなたが15歳くらいのときに夢中になったものは何ですか？

その頃って、急に小説や映画が好きになったり、突然、ギターを手に取り、歌ってみたり作曲を始めたりと、様々な衝動が起こるときなのです。

私はもう13歳のときには作曲家になると決めていましたので、当時（もちろん15歳時点ではもう夢中に）毎日作曲に没頭していました。

さらに15歳のときには、続いて占いの誘いかけも起こり、手相にも夢中になりました。

それが現在の私を創るはじまりだったわけです。

私は現在、作曲家で、手相家です。

才能を見つける方法⑤

思春期に3回、才能を知らせる合図が来る⁉

運命のノックは3回やって来る！

さて、その夢中になるきっかけについてですが、運命のノックはだいたい3回来ます。

それではここで、**手相家 西谷泰人へのノックが3回来た**お話をします。このお話は、この本書と同時発売の漫画『手相家MICHIRU①《旅立ち編》』原作・監修：西谷泰人の中で、私の体験をミチルの体験として述べていますので、合わせてご覧ください。

《1回目のノック》

15歳の夏のこと。**1回目のノックは、……アマチュア手相家だった父を持つ友人が、私の手相を観てくれたこと**でした。

ある日、高校の同級生で、私と同じサッカー部の仲間が、教室で昼休憩に、「西谷、チョッと手相を見せてくれ」というのです。

「エッ!?　お前手相を見るの？」といって驚きながら、両手を出すと、

「う〜ん、この手相は……オレには分からん」

といって、全然見てくれなかったのです（笑）。

私の手は、両手マスカケ線（知能線が手のひらを横断する手相）だったので、彼の知識外だったのですね。

ところで、なぜ手相？　と聞いてみたら、彼の家は、地元で有名な旅館を経営していて、彼の父はその旅館のオーナーであり、番頭さんでした。

そのお父さん、なんでも自分の部屋に、本棚にいっぱいの手相本がズラーとあるという、アマチュア手相家でした。

それで、彼はそれらの手相本をちょっとかじっただけの状態で、私の手相を見てくれたのでした。

でも、私の手相は分からん、と言ってみてくれなかったことで、私はますます手相のことが気になって……、自分で手相の本を買ってきて、勉強を始めたという訳です。

《2回目のノック》

私の場合の**2回目のノックは、高校1年（15歳）の夏休みの最中に、男友達が夏祭りで手相を観てもらったと聞いたこと**でした。

なんでも、同級生が2人で、お祭りに出ていた占い師に手相を見てもらったところ、

Yは「オレ、83歳まで生きると言われた」

Gは「オレは寿命が78歳までだ、と言われた」

と興奮して話すのでした。

ええ？　手相って、そんな事まで分かるの？……（これが更に、私を手相に没頭させる出来事となりました）。

《3回目のノック》

そして3回目のノックは、私の両親が経営していた測量会社の、母親の片腕だったA子さん（当時30代後半）という方との出会いです。

A子さんのお母さまは、ナント、易と姓名判断で免許皆伝という占いの大家で、とにかく占断が当たることから、私も占いについて目覚めざるを得なかったわけです。

例えば、「今日財布を落としてしまったのですが、出て来るかどうか、易で見てもらえないでしょうか」などの相談が来ます。

すると、筮竹《ぜいちく》をじゃらじゃらとして、それをバシッ！　と割り、占っていく。

そして、「う〜んこの財布は、今日の午後3時頃には、西の方角から連絡が来て、必ず出て来る」などです。

すると本当に、西の方角から、財布を拾ったという人が届けた交番から電話が来て、見つかるのです。

そんな不思議な現象を幾つも見せられて、15歳だった高校1年生の私は、すっかり占いにハマってしまったのでした。

それらの3つのノックが、私の人生を決めたといってもいいでしょう。
＊本書と同時発売の、漫画『手相家ＭＩＣＨＩＲＵ①《旅立ち編》』原作・監修：西谷泰人をご参照ください。

才能を見つける方法❻

人があなたを見て、〇〇に向いていると言った職業が適職!?

人からの印象も、大きなヒントになる

才能を見つける方法のもう一つは、**自分の印象を人に尋ねてみる。これがあなたの、素質を知るためにとってもいい方法**です。

どんな職業の人に見えるか、友達に聞いてみるといいですね。

これはかなり的を射ている場合が多いです。

「あなたは、バーのママって感じよ」、とか、「お前は土建会社の社長みたいだなぁ」。

あるいは、「山田さんは、最初会った時、学校の先生かと思いました」などというそれです。

私自身は23歳のときに、洗濯物を持って行ったあるクリーニング店の女性（30代）からこう言われました。

「西谷さんって、お医者さまでしょう?」と。

手相家の私としては、思いがけない指摘でしたが、考えてみると占い師とは運命の医者とも言えます。

実際、私は『占い師は運命の医者である』（創文刊）という著作も出版しています。

ですから、人からの印象は本当にあなどれないですね。

古神道の先生から教わった言葉に、「御霊《みたま》は、みたまま」といって、人は見た通りの人間性や、素質を持っているという教えがあります。

原点に帰って、見える通りに自分の素質を分析して生きるヒントにするのも、大切なことかもしれませんね。

才能を見つける方法⑦

前世の自分に、才能のヒントがある

前世を知る方法、お教えします

ここで面白い話をしましょう。

あるサイキックの人から聞いたのですが、自分の前世を知る、簡単な方法があるんです。

それは、あなたにとって、とても興味を惹かれる国はどこですか？

例えば**世界地図を広げて眺めて、**フランスとか、イタリアとか、ベルギーなどと、それぞれに**好きな国（惹かれる国）が浮かぶと思いますが、何とそこが前世で暮らしていた国**なのだそうです。

だから今世でも記憶していて、強く関心が湧くそうなのです。

そして、自分の顔をよく観察してみるのも大切なヒント。どこの国の人のように見えるでしょうか。

フランス人っぽいとか、ちょっとインド人ふうだったり、アフリカ系っぽかったりする方もいらっしゃるでしょう。

これも前世住んでいた国が、意識に残っていて、当時の面影が宿っているから、ということです。

私の前世の国は

私は、よく洋風の顔をしていると言われます。

ある有名なサイキックに聞いたところ、私は13世紀末にフランスに生きていて、フランスで一番よく当たると評判の占い師だったそうです。

私は最近、『ニシタニショー』（YouTube の手相講座動画）のＶＯＬ．９「お金持ちの手相」を、海外字幕版を日本語以外に、９か国言語（英語、フランス語、ドイツ語、スペイン語、ポルトガル語、アラビア語、ロシア語、イタリア語、ヒンズー語）で作りましたが、英語以外では、フランス語を真っ先に作ろうと無意識に思い、制作しました。

もともとフランスにとっても興味がありました。

そして私には、海外にいて作曲家だった前世があるそうです。なので、私の曲は洋楽がほとんどです。

私は46歳の時に渡米し、ニューヨークに鑑定室を設けたのですが、西洋占星術的には、ニューヨークが私の幸運の地なのだとか。

私の音楽バンドThe Fortune tellerz（＝占い師）が私の作詞・作曲（Nickyのペンネーム）で世界配信している曲、『New York Love Story』（現在YouTubeで、137万回再生）ですから、まさにニューヨークにゆかりが深いんでしょうね。

そして、これは関係ないかもしれませんが、西谷泰人はスペルがN.Y.ですから、NY（New York ニューヨーク）なんです。これは偶然です。

その他私のバンドの曲（Nicky作詞・作曲）ですが、

『Sweet Angela』（現在You Tubeで150万回再生）。

そして今年2023年に、アニメバンドに変身してからも、

『I'm Crazy About You』（現在YouTube 1100万回再生）。

『You'll Win The Lottery』（宝くじは当たるよ）が、現在YouTubeで、視聴数・自己最高記録を目指して、好調な人気を得ています。

I’m Crazy About You
（君にもう夢中！）

You’ll Win The Lottery
（宝くじは当たるよ）

才能を見つける方法❽

あなたは才能の大油田を持っている！

続いて、あなたの隠れた能力を見る方法の3つ目ですが、これは個性・自分のスタンスをつかむことです。

一昨年、私はテレビのゴールデンタイム放映の櫻井翔さん司会の『1億3000万人のSHOWチャンネル』（日本テレビ）に出演したのですが、そこで観た指原莉乃さんの手相が非常に特徴的だったんです。

指原莉乃さんの手相で分かる事

とにかく彼女の手のひらには、何本もの運命線（仕事の線）がありました。

＊運命線…中指の付け根に向かう縦線のこと。主に仕事や立場の状況を現している

つまり、運命線が複数ということは、ひとつの仕事にかかりっきりになるのではなく、同時進行でいくつもの仕事を兼ねて、マルチにやっていくのが合っている。

そう生きるのが、彼女の成功スタンスなんです。番組内では、彼女に「そのままマルチに生きてください」と、アドバイスしました。

こういう手相の人は、現代には少なくありません。

ですから、やるべきことを一つに絞らないこと。幾つものことを同時並行でやっていく、それが指原流のやり方であり、成功パターンです。

人の才能は、地下３０００メートルに眠る大油田のようなもの

人の才能は、すぐに分かる表面近くに現れているケースと、そうでない地中深くに眠っているケースがあります。

例えば小さい頃から絵が上手いとか、音楽の才能がある、スポーツのセンスがいいなど、これは表面化している才能です。

でも、**隠れていて本人が全然気が付かない才能**、というものもあるんです。それは**地下３０００メートルに眠る大油田のような存在**です。

実際の大油田のありかを知るには、近年ではセンサーで探り当てることが出来ますが、人の潜在的に眠る才能はどうすれば見つけられるか？　となります。

エドガーケイシーの、眠っている才能を見抜く透視力

世界的に有名な、予言者エドガー・ケイシー（１８７７〜１９４５）のリーディングに、こんな実例も紹介されています。

今から80年ほど前に亡くなった方です。

《ニューヨークの電話交換技師をしていた若い女性は、ある時、ヴァージニアビーチに打ってくれと数回頼まれた不思議な電報に、好奇心をそそられた。

ヴァージニアビーチにいる、ケーシーなる人物は誰であろうかと、問い合わせてみた。

彼女の好奇心はますます高まり、遂にケーシーのライフリーディングを受けてみようと決心した。

そして申し込み、ケーシーに会いに行くと、リーディングで彼女は、

「通信技師をしていることは時間の浪費である」と言われた。

また彼女の前世は、数回とも有能な芸術家だったから今度も成功するだろう、だから商業美術を勉強するように、というのだった。

商業美術にしろ、その他の美術にしろ、およそ芸術に携わることなど彼女には思いもよらぬことであった。

しかし、ものは試しと美術学校に入った。すると驚いたことに、彼女に本物のタレント（才能）があることが発見され、まもなく商業美術家として非常に成功し、たまたまその途上、性格まで変わってしまったのである》

そのように人の隠れた才能は、自分では気が付かないまま生活しているケースが本当に多いのです。

ですから霊視といった方法で見抜く場合があります。

ではここで、透視術に変わって潜在能力を見抜く方法として、私の専門「手相」を紹介します。

手相で才能を見抜く方法

手相でわかるあなたの個性とは？

ここで手相で才能を見抜く方法を、ご紹介しましょう（58ページの手相参照のこと）。

まず、①**運命線が月丘から上がっている人**は、人気商売で成功します。お客様相手の仕事がいいですね。

そして、②**マスカケ線や②′変型マスカケ線の人**は、誰もやったことがないような、一風変わったユニークなものを選ぶのが成功の秘訣です。

③**知能線から縦線が出ている人**は、先生や、専門分野のプロになる相です。下積みを数年やっていくと成功します。

それから、④**感情線が乱れている人**。この方はもう、好きなこと以外続けられない人です。ですから、好きなことを仕事にしましょう。

⑤**旅行線が出ている人**は、実家を離れると成功します。不動産運がいいので、不動産関係

の仕事も向いています。

⑥**知能線が長い人**についてですが、一つ注意点が。頭もよくて才能もあるのですが、考え過ぎて、なかなか決断に時間がかかり腰を上げない、という点があります。

よって晩婚になる代表的な相でもあります。やれば出来るのにそんな性格から、チャンスを逃す可能性があります。チャンスが来たら果敢に捕まえる習慣を付けましょう。そうすれば成功します。

最後に、⑦**運命線や太陽線が2本以上並んで出ている人**。これは同時に2つ以上の仕事（運命線が2本以上）や、2つ以上の収入源（太陽線が2本以上）を示しています。3本なら3つの仕事や収入源を持つ人です。中には運命線10本（10種の夢中になっている事を持つ）、太陽線が5本（5つの収入源を持つ）という人もいます。

これらを参考に、自分の活動スタイルを見極め、上手にやっていく事が大切です。

※手相について更に知りたい方は、『的中手相術』（西谷泰人著　創文刊）をご参照ください。

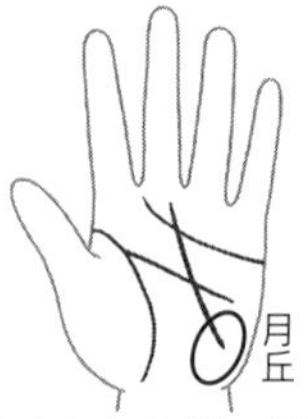

①月丘から上がる運命線

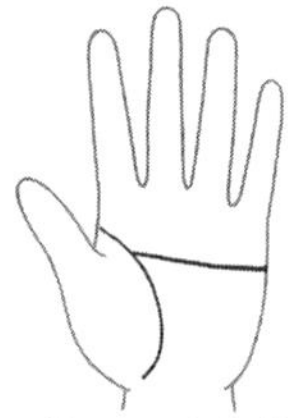
②マスカケ線

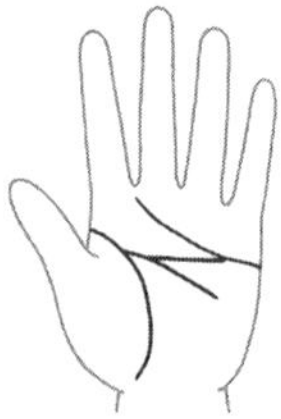
②′変型マスカケ線

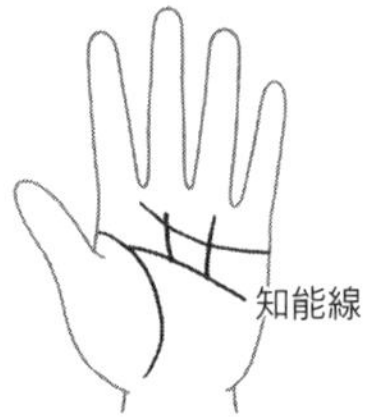

③知能線から縦線

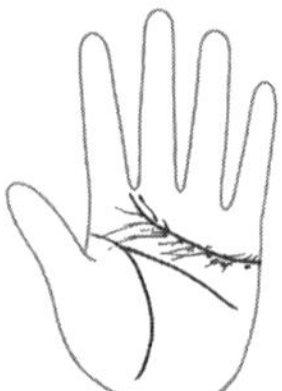
④乱れた感情線

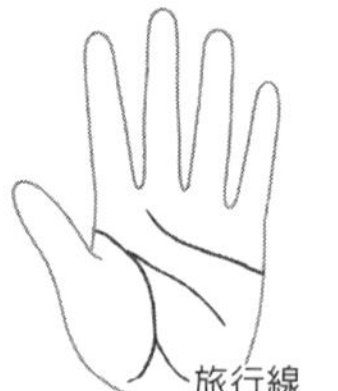

⑤旅行線が出ている

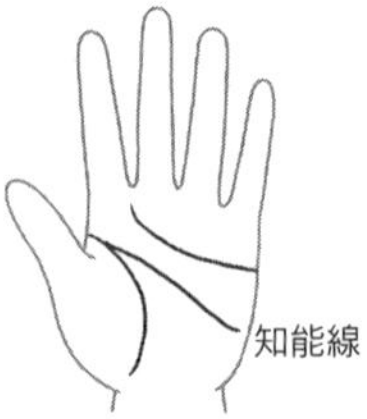

⑥知能線が長い

⑦運命線・太陽線が
2本以上並んで出ている

才能を見つける方法⑩
自分のチャンス期を知ろう！

自分のチャンス期を知ろう！

次に、自分の「チャンス期」を知ることが、才能を活かす上で大切、というお話をします。

私は仕事柄、先のことを読むプロといえます。仕事で相談者の手相を観ながら、あなたの5年後はこうなり、10年後、また30年後はこうなりますよ、という具合に。

ですから未来を見据えて、今こうしましょう、とアドバイスをしています。

未来を知ると、人生設計がとても立てやすいのです。

もちろん、**手相は、今のまま行くとその延長線上の未来はこうなりますよ、**という事です。

手相は未来を知るのに最高のツールなのです。

悪い未来が出ていたら

ところで、手相はいい事ばかりではなくて、悪い未来が出ている場合もあります。

でも、それを予《あらかじ》め知ることができれば、回避できます。

反対に（ほとんどの人がそうですが）、未来を知らずに生きているので、結局、手相に書いてある通りの人生を生きていきます。

そういう意味でも、手相・その他で、予《あらかじ》め未来を知ることの意味は大いにあります。

望まない未来だったなら、先に知ることで未来を良く変えられる、からです。

特に、手相などで予め開運期を知っておくことは、その時に向かって準備が出来、ムダなく生きていけるので、しっかりチャンスが掴めるでしょう。

才能を見つける方法⑪

手相の開運線の位置で、チャンス期が分かる！

チャンス期の見方は簡単です

そのチャンス期ですが、手相で分かる簡単な方法をご紹介します。

生命線から上る縦線（開運線）が、だいたいどのあたりで出ているかをチェックするんです。

この年齢を知る方法は、手相の流年法といいます。

＊手相の流年法《りゅうねんほう》…いつ、何が起こるかを手相で読み取る測定法。生命線と運命線で正確に未来が読める

＊開運線…生命線から上がる縦線で、この線が上がる年齢（流年）で、開運年齢が読める

＊結婚、婚約、独立、昇進、家の購入、病気全快ｅｔｃ…

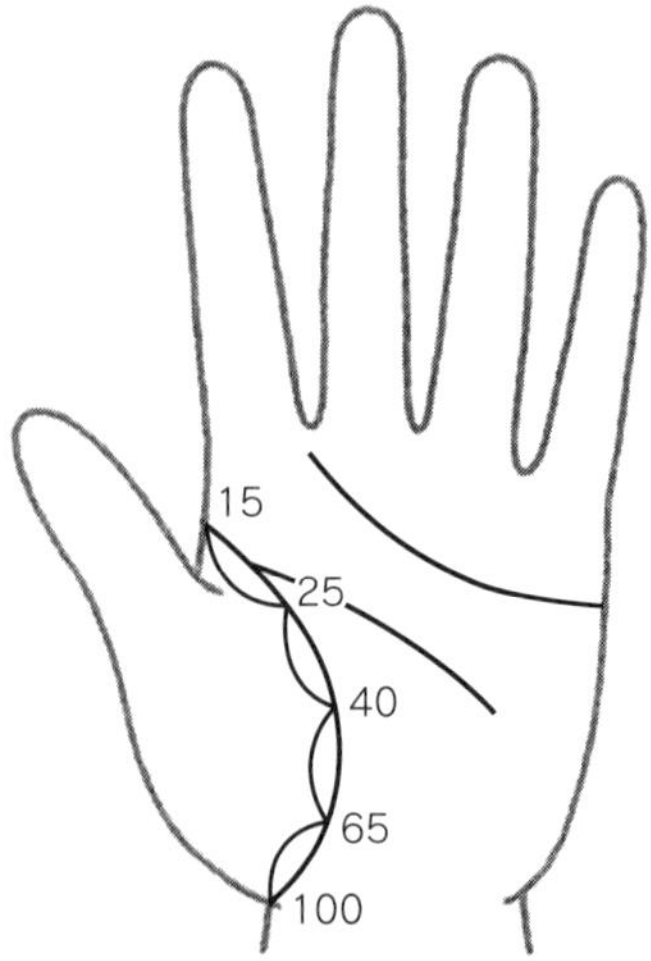

西谷式生命線流年４等分測定法

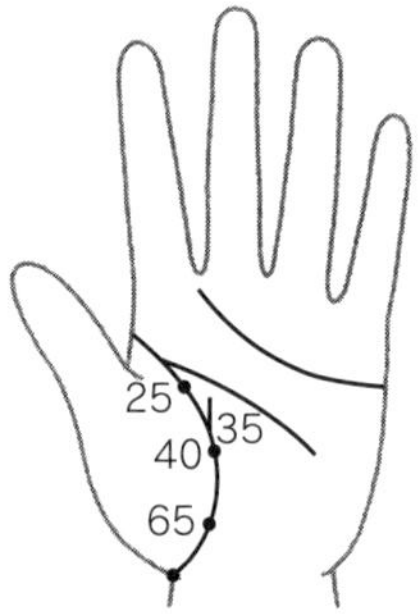

35歳で開運線が！

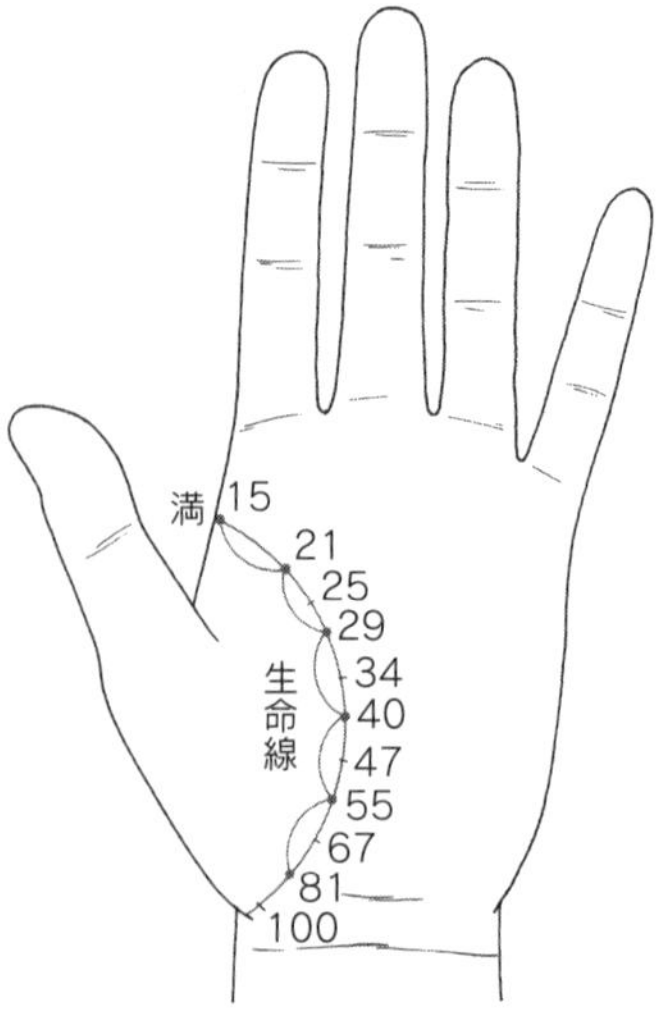

生命線の流年測定法

生命線の縦線は見落とすな！

この生命線に出る縦線ですが、生命線の真ん中あたりから上がっていれば、おおよそ40歳程度が目安になります。

ですから、あなたが今35歳の人だったら、5年後の40歳が勝負の時と心して、進んでいけばいいのです。

大まかな流年法ですが、生命線を4等分して、15歳から始まり、真ん中付近が40歳。4分の1付近が25歳。4分の3辺りが65歳です。

他の年齢は、その4等分の年齢を目安に、割り出してみてください《年齢はすべて満年齢です》。

尚、私が開発した、西谷式流年測定法を紹介しておきますので、参考にしてみてください。人差し指のつけ根幅を、生命線上に21歳と取る方法も分かりやすくて正確ですよ。

人差し指の付け根幅を、生命線上に3回取ると、そこが満40歳地点です（かなり正確に出ます！）。

才能を見つける方法⑫

手相以外で自分のチャンス期を知る！

自分で自分のチャンス期を知る方法

また手相以外で、自分のチャンス期を割り出す方法もあります。

その方法をお教えしましょう。

まず、これまでの自分の年齢を、1歳から2歳、3歳……58歳というように、今の年齢まで、ずっと書き連ねていきます（横書きで10年ごとに改行するなどして）。

全部書き終えたら、**今まで自分に何か大きな出来事が起きた年齢に丸をつけていきます。**

そうしていくと、一定の法則が見つかるはずです。

例えば、結婚や独立といった大きな出来事や、目標に出会えてすごく頑張ったこと、そして離婚や病気といったことも含めて、それが起きた年齢を思い出してみてください。

ある人は15年ごとに大きなドラマが起こったり、ある人はそれが12年ごとだったりと、自分の運命のリズムがわかって来るでしょう。

そうして自分の運命の周期、バイオリズムが分かってくると、だいたい大きな転機は何年ごとに起こる……と割り出せます。

すると次は何年後に起こる！　というように、見えて来ます。

ここで1点注意事項としては、色々な流派の占術の中には、運気を3年や5年ごと、あるいは10年、12年などに振り分けて占っているものもありますが（天中殺や大殺界、空亡、厄年ｅｔｃ…）、それらは無視してください。

ここでは、それよりも自分の身に、実際に起こったことをベースとして見ていきましょう。

そうすると、自分の真のバイオリズムが見つかります。

あなたの運命の周期は何年でしたか？

才能を100%発揮する為のコツ❶

人から妬《ねた》まれると、ロクなことがない！

チャンス潰す、人の嫉妬《しっと》は本当に怖い！

さて、ここからは、皆さんが才能を見出すことが出来たという前提で、皆さまにぜひ心に留めておいていただきたいことを、一つお話しします。

皆さんは、**自分の能力が発揮出来ない原因**って、何だと思いますか？

その一つが、人から恨《うら》まれたり、妬《ねた》まれたりすることです。

それをスピリチュアルの世界に詳しい人たちの間では、「生霊《いきりょう》」といいます。

皆さんも、どこかで漏れ聞いたことがあるかもしれませんね。

人からの恨み、妬み、執着といったマイナスの強い念が来ると、受けた人は体調を崩したり、トラブルや不運に巻き込まれてしまう事になります。

以前、私のところに鑑定にいらっしゃった女性S子さん（現在50代）の話なのですが、若い頃は、S子さんが街を歩けばスカウトが何人も声をかけるほどの美人でした。

実際、女性雑誌のモデルもやっていたので、それはそれはお綺麗な方でした。

それがあるとき、周囲の女性にものすごく妬《ねた》まれてしまったんですね。

詳しいことは省略しますが、その女性からＳ子さんは、連日のように誹謗中傷の嵐。それはもう罵詈雑言《ばりぞうごん》を浴びせられていました。

それだけで済めばよかったのですが、人の恨みの念は人の人生を狂わせます。

Ｓ子さんは、その後ナント３度の大病にかかり、命も危ない状態にまでなってしまったのです。

なんでも、三途の川まで見たのだといいますから、人の生霊は、げにも恐ろしや……です。

嫉妬とは怖いものです。読者の皆さんの中に、美しい方がありましたら、お気を付けくださいね。もちろんモデルは廃業、今日までずっと病気との戦いでした。

という訳で、人から強く嫉妬されると、ろくなことがありません。

嫉妬を甘く見ると、恐ろしい目に遭いますから要注意です。

才能を100％発揮する為のコツ❷

お金持ちは、それをひけらかしてはいけません

お金持ちの方！　金持ちをひけらかしてはいけません！

そのように人の嫉妬を買うと、ろくなことがありません。

それでは、**もう一つ嫉妬される要因の代表的なもの**のお話しをします。

それは自分がお金持ちであることをひけらかすことです。

これも怖いんです。

お金持ちの方、何があっても、決してお金持ちであることをひけらかしてはダメです。

ろくなことがありませんから。

以前、有名になったお金持ちの人の話がありましたね。

当時、ニュースに度々出た、「紀州のドン・ファン事件」です。覚えていらっしゃる方も多いのではと思います。

あの和歌山県にお住まいだった○○氏は大変な大金持ちで、女性のために30億円使ったと

公言していました。

また泥棒に入られて５０００万円分の現金や金銀を盗まれたりし、挙句の果てに、謎の死を遂げるという結末になりました。

あれだけお金持ちであることをひけらかしては、命さえ取られてしまいます。どうぞご注意ください。

好感度抜群の、長嶋さんの話

それとは裏腹に、とても感じよく振る舞われる大金持ちの方もいらっしゃいます。

スター時代の長嶋茂雄さんの話なのですが、現役のときはそれはもう、国民的英雄でありました。

そんな長嶋さんがある日、高級ホテルのレストランでビフテキを食べていたときのことです。

顔見知りの新聞記者の方が、それを見かけてこう言いました。

「さすが、長嶋さんぐらいの方になると、食べるものが高級ですね」と。

そこで長嶋さんが何と答えたかというと、

「いやぁ、皆さんに見られてるところでは見栄を張っていいもの食べてますけど、家では毎日お茶漬け食べてるんですよ」

この返し方は好感が持てますよね。もちろんその記者の方も、このエピソードをとっても好意的に書いていました。

お茶漬けの話が本当かどうかはわかりませんが、こうした謙虚さや、配慮のある言葉は、素晴らしいです。

国民的英雄にふさわしい人間性だと思います。

ですから皆さんも、恨《うら》み、妬《ねた》みを買わないように、才能があったり、美男美女だったり、大金持ちになった暁《あかつき》には、せっかくの才能や運も生霊で発揮出来なくなりますから、くれぐれもご注意ください。

才能を100％発揮する為のコツ❸

会うべき人に会って、才能をフル発揮しよう

会うべき人に会えば、才能はフル発揮できる！

そして、自分の才能を余さずフルに発揮していくためにお勧めしたいのが「会うべき人に会う」ということ。

これです！

要するに**パートナーによっては、一緒に居ると１＋１が２で終わらずに、**1＋1が10にも、20にもなる。

いや、**中には50にも１００にもなる、という人との組み合わせ・出会いがあります。**

つまりお互いの運命が、良き刺激を受けてスパークし、大飛躍するという相手です。

自分にないものを持っている人に会えると、成功出来る！

皆さんは「ポアンカレの法則」というのをご存知ですか？

ポアンカレとは、19世紀にフランスで活躍した物理学者・数学者なのですが、この人が発見したのは
「生きることとの感動や新しいアイデアは、必ず二つの異なったものの結合から生まれる」ということでした。
つまり自分と同じような人と一緒に居ても、成長はないんです。
まったく異質なものを持った人と会ってこそ、人間は大きな刺激を受けて、大ブレイク出来るという訳です。

くっつき運で幸せになる

そしてもう一つ。「くっつき運」を活用しよう、という事です。

＊くっつき運…運のいい人にくっつくと、たちまち運が良くなる、というもの

以前、ホステスをやっていた女性の手相鑑定をしたことがあるのですが、彼女は親が離婚していて、とにかく早く家を出たいと思っていたのでした。
それで結局、地方から上京して、昼間はＯＬをしながら夜はホステスをするという、二重の生活を送っていました。

そこで彼女は、ホステス業している中でいろいろな人生を見て、こんなことを悟ったそうです。

「幸せになりたいのなら、幸せな人のところへ行くのが一番」、と。

そして運のいい人と結婚すると、絶対に幸せになれるという法則を発見したのでした。

そして彼女はこうも考えていました。

「ホステスだけでも生活できるようになったけど、私の場合、ホステスだけでは、いい男性が私を選んでくれないだろう。

だから昼の仕事はやめずに、ホステス業を続けて行こう」と。

そうしてその努力の甲斐あって、彼女はめでたく、一級建築士の男性と出会えて結婚したのです。

夜の仕事だけをやっていたら、上手くいかないことを本能的に悟って、行動を変え、幸せになれたという訳です。

才能を100％発揮する為のコツ❹

自分にないものを持った人と組む人との出会いが運命を飛躍させる！

ブレイクした芸人さん同士は、まさに対照的！

出会いが大切、という先ほどの話の続きです。

例えば芸人さんでも、同じような顔をした者同士だと人気は出ません。対照的なルックス同士の組み合わせがいいんです。

先日、テレビ番組で私が鑑定した「ガンバレルーヤ」のお二人も、よしこさんはロングヘアでぽっちゃりしていて、まひるさんはショートカットでスポーティ。対照的ですよね。

彼女たちに限らず、ブレイクした漫才師や芸人さんは対照的です。ひと昔前では、やすしきよしさんや、現在も爆笑問題さん、くりぃむしちゅーさんなど、顔を思い浮かべて見てください。売れている漫才コンビは、みんな対照的なタイプなんです。

ソニーもホンダも「ポアンカレの法則」で大躍進した

このように、自分にないものを持っている人とパートナーシップを組むと、大変な力になるんです。

例えばソニーでしたら、井深大さんが技術者でどんどん発明していって、盛田昭夫さんが営業戦略と経理を担当して、どんどん会社を拡大して行きました。

片方は技術に、片方は営業・経理に集中出来る組み合わせは最高ですね。

また本田技研工業の本田宗一郎さんも同じで、技術屋の本田さんと、経理・運営に強い藤沢武夫さんという、自分と正反対のまったく違うタイプの人とコンビを組んで大成功しました。

「僕は、同じタイプの人だったら組まない。全く違うからいいんだよ」（本田宗一郎）

そして音楽の分野では、ビートルズがそうです。あれほど世界を席巻したのは、不良タイプのジョン・レノンと、お坊ちゃまタイプのポール・マッカートニーの組み合わせが、互いの大きな刺激になり、互いを大飛躍させたのです。それはコンビで曲作りをする中で誕生した、他に例を見ないほどの名曲の数々が物語っています。

「僕の最大の功績は、ポール・マッカートニーという作曲家を生みだした事だ」（ジョン・

レノン）

１＋１が１００になる人との出会いのコツとは？

では、１＋１が50とか１００にまでなるような人とは、いったいどうすれば出会えるかという問題ですが、これはズバリ、自分のレベルを上げることです。

自分が成長していくと、あるときそのレベルにふさわしい人と、最高のタイミングでバッタリ出会えます。

これこそが出会いのコツです。

よく、いい友人や結婚相手を探しても、なかなかめぐり会えないという人が居ますが、それは違うんです。探すのではなく、自分を成長させていくことが優先と言えるでしょう。

自分のレベルが上がれば、素晴らしい人との出会いのチャンスが必ずやって来ますから。

私の、人との出会いの体験談？

ちなみに、私自身のことを申し上げれば、私の占い事業方面、また音楽作品作り、アニメーションMV、漫画書籍にと、それぞれに素晴らしいパートナーに恵まれて、私のそれぞれの能力や運気が驚くほど飛躍できた事で、強く実感しています。

やはり、素晴らしい出会いが運命飛躍の秘訣です。

自分を高めてくれるパートナーとの出会いこそが、人生に大きな飛躍をもたらすことは、私の体験から見ても間違いありません。

ちなみにこれは仕事との出会いも同じことです。

私の手相のお弟子さんにもよく言うのですが、

「自分の実力がついて来ると、それに見合ったチャンスや、いい仕事が舞い込んで来ます」（西谷）

そのように、チャンスはただ待っていても来ません。自分自身が成長していってこそいいチャンスを呼び込めるし、掴めるもの、と覚えておいてください。

才能を100％発揮する為のコツ⑤

自信が大切！自信を持ったら人はどこまでも飛躍する！

ここで、一つ私の体験談をお話しします。

私は手相家という仕事で活動していますが、実はもう一つ、作曲家という顔があります。

この二つの仕事は、ほとんど同時進行でやって来ていて、初め作曲家で、次に手相家で、そして最近、また作曲家での活動を強く押し出しています。

幸い次々ヒットが出ているのですが、そこで体験的に面白いことがあります。

私が作詞作曲した『Everybody's Calling』という曲を２０２０年年秋に世界配信したのですが、その曲を、アメリカの音楽評論家３名の人が、絶賛してくれて、私の歌詞（英語歌詞）もいい、抒情的だ、と褒めてくれたのですね。

それで、それまで自分で詩を書いたことはあまりなく、自信がなかったのでほとんど書くことはしなかったのですが、そう評論家の人たちに、褒められて、自信を持ったらナント、次々に詩が湧いてくるようになり、自分でもびっくりしたのです。
それも、海外で大いにウケています。
自分には作曲だけでなく、作詞の才能もあったのか……、と。
その時、私は思いました。
自信を持つことが、才能発揮には絶対大切なことなんだと。

才能を100％発揮する為のコツ❻
種を撒かなきゃ、花も実もならない!?

自己投資してますか？
そして自分の才能をフル発揮するために欠かせないのが、自己投資をすることです。
自己投資せずに成功する人は、まず見たことがありません。
やはり、８万人の方の手相鑑定を通してハッキリわかったことは、色々勉強してまず実力を付け、チャレンジをする人は、本当に成功しています。

お金がないからといって尻込みしていて、何もしないんではどうにもなりません。

このままでは　8割の国民が　貧乏老人になる

最近では、「先生、未来が不安なんです」と言う方が本当に多いですが、それはそうです。物価は上がるし、年金は下がる。数千万円の貯金があっても、長生きして85歳以上まで大勢が生きますから、貯金も使い切ってしまいます。

そんな不安を感じていても、何もしない人が多すぎます。何もしなければ、将来、貧乏老人になる事は防げません。

種を蒔かなければ花は咲かないし、実もなりません。これが答えです。

自己投資するときのポイント

自己投資は大事なことですが、闇雲にやってはむしろ逆効果になります。

大事な基準としては、はっきり目的を持ってその為の勉強をすることです。自分の将来に関係ないものを学んでいる人が結構いますが、それでは遠回り、回り道、寄り道をしてしまいます。理由は目標を明確にしていないからです。

例えば5年後に喫茶店を経営したいAさんと、将来に何の目的もないBさんがいるとしましょう。

喫茶店を経営したい人なら、迷わず喫茶店でバイトをしたりして、そこでどんなメニューが好まれるのか、どんなインテリアなら流行るのか、立地条件はこれでいいか。また、効率のいい仕入れの仕方や料金のつけ方など、そのバイトを通じて様々なことを吸収していきます。

並行して、店開設のための資金集めもいろいろ頭を巡らせ、準備していきます。

一方、目的のない人だと、時給や日給がいいから、あるいは楽だから、という理由だけでアルバイト先を選んだりします。でも、そこで何か学ぶわけでもなく、ただ年月だけが過ぎていってしまう、という事になります。

そして5年後には、Aさんは喫茶店の成功の知識や経験が、しっかり準備出来ているのに対し、Bさんは何もこれといった技術や情報、お金もないままの状態で迎えるでしょう。

この差は大きいです。ですから、**まずはハッキリ将来の目標を明確に持ち、それに向かってムダなく準備や学びを深めていくことが大切**です。

才能を100％発揮する為のコツ❼
未来のビジョンが必ずある事

将来を見据えて生きていこう

次に、これからは10年後を見据えて生きていこう、という話をします。

先日私の手相スクールにいらした方（男性）なのですが、その方はすでに英語の教育関係でとても成功していて、結構有名でもいらっしゃいます。

どうして今から手相を学ぼうと思われたのかを訊《たず》ねたら、

「英語業界については、翻訳機も出て来ている上、少子化もあって、徐々に規模が縮小していくけれど、教育業界の８０００億円産業に対して、占い業界は１兆円産業。将来も伸び続ける業種なので、こちらに参入しようと思いました」、と話してくださいました。

このように5年先、10年先のビジョンを持っている人は強いです。

サッカー解説者の清水秀彦さんの名言

元全日本代表選手で、多くのＪ１リーグのサッカーチームの監督を歴任してきた清水秀彦さんが、夕刊フジで連載しているサッカーのコラムの中で、こんな話を述べていらっしゃいました。

「チームを、来年どうするかはもちろん、３年後の考え、などシッカリしたビジョンがないチームは、Ｊ１から、一気にＪ２どころかＪ３にまで降格する」（清水さん）と。

私からの、自己投資についてのアドバイス

私から皆さんへ、**自己投資するにあたってのアドバイスをするとしたら、まず収入になるものを学ぶことをおすすめします。**

どんな事でも、プロになったらいいという事です。

例えば、編集の勉強をしてライターになるのもいいですね。一冊書けば、20～50万円程度は入ります。

そして、自分の持っている能力で商売になるもの、仕事になるものをやってみましょう。趣味だけでやっていると続かないものですが、仕事となれば続くものです。

そして、真剣になるし、面白い。

後は、お金はある程度あるという人で、そんなお金にはならなくてもいいという人は、人生が楽しく幸せになる仕事を選ぶ。

例えば英会話をやるとします。英語で仕事は出来なくても、ゆくゆくは来日した海外の方へ、ボランティアが出来たりすれば楽しいでしょう。

また、音楽が好きな方なら、バンドを組んでコンサートを開くとか、ライブハウスに月一回出演するとかすれば、少ないかもしれないですが、お金が入ります。

そうなると真剣さが違ってきます。

占いの勉強をして、占い師をやるというのも真剣になりますから、充実感があります。

そういった心の充足が得られるものがいいでしょう。

そして、**好きなことを仕事にして、収入が得られ、それが世の為・人の為になっているなら最高です。**

占いの勉強がおすすめな理由

それで、**これから皆さんが何かを学ぶなら、歳をとっても出来る仕事がいいと思います。**

その点、占いはおすすめです。占い師は歳をとってももちろん出来ますし、90代になっても出来ます。

さらに歳をとっているほど、経験が豊富そうだから……ということで、占いのイベントの時など、お客さまは若い占い師の先生より、お年寄りの先生のところに行くケースが多い。

私のところに手相（方位・人相も）を学びに来られる生徒さんは、ほとんどが占いの素人さんで、手相や方位に関しては全くの初めて、という方が大勢です。

歳は20代、30代の方もちらほらありますが、多くは40代、50代、60代の方です。70代、80代の生徒さんもいらっしゃいます。

考えてみてください。60代で手相を学んだとしても、95歳まで鑑定をしたとすると、30年近くも充実した人生が送れるんです。

全然遅くなんかありませんよね。

そして、手相は実は簡単です。手相スクールでは私の考案した手相の覚え方をお教えしますので、たちまち手相を読めるようになり、すぐにプロとして活躍できるようになります。どんな方でも大丈夫です。

それに若い人の恋の相談などに乗っていると、もう占う側もすっかり若返ります（笑）。

マッサージの勉強もいいのですが、65歳くらいになったら体力的にきつくて、もう反対にマッサージをやってもらいたい側になったりしますからね（笑）。

以前驚いたのは、私の手相スクールに、20代初めの青年が来た理由でした。

あまり若いので、何故手相を勉強しようと思ったのか訊ねたら、「歳をとっても出来る仕事と思いまして……」と返答。

うーん、大した見識だと感心してしまいました。

才能を100％発揮する為のコツ❽
ゴールの、その先を目指して走る！

ゴールの、その先を目指して走ろう！

結構大事なことを言います。

皆さん、**目指すところはゴールではなく、ゴールの先だということが大切**なんです。

短距離走でも、ゴールを目指して走っている人より、その先を見据えて走っている人のほうがトップになるそうです。

実は、これは金運を上げる生き方にも通じることなんです。

宝くじ６億円当たりますようにと祈っている人よりも、６億円当たったら、そのお金を○○に使おう、とまで決めている人に当たると言われています。

ただ当たりますようにと願っただけで当たる人もいないことはないですが、そういう方は多額の当選金を手にすると、ほぼ狼狽《うろた》えてしまって不幸になるようです。

お金を有効に使えない人に当たると、苦しみの種になるという事もいえます。

ですから違う例でいうと、東大に入ることだけを目指している人は、受かったら満足してしまって、最終的にただの、普通の人になってしまいます。

ですが、東大に入ったらさらに勉強して、国連大使になって、その先は日本のために活躍するところまでイメージ出来ている人は東大に受かり、さらに成長・成功し、自己実現が叶います。

長嶋監督の現役時代は、ホームランの先の先までイメージした

先ほど登場した長嶋監督の現役時代は大打者でしたが、ホームランを打ちたい時は、ホームランを打った自分の姿をイメージするだけでなく、その後のヒーローインタビューを受けている自分、そして、家に帰って家族に拍手で迎えられ、祝福されてビールを飲んでいるシーンまで思い描いたそうです。

そのように、願いが叶ったその先までのイメージは、とっても効果的だし重要です！

才能を100％発揮する為のコツ⑨
一石三鳥以上を狙う！

時は金なり。一石三鳥以上を狙うこと！

さて、これは人生をより充実させたいと思っている方なら痛感されていることと思いますが、時間は本当に有限ですから、大事にしたいものです。

ですがその時間の使い方も、15％くらいしか活用出来ていない人が多過ぎます。

時間を大切に、うまく使うには、一石三鳥以上を狙うのが鉄則です。

こんな分かりやすい例があります。

私の鑑定にいらっしゃった女性の話ですが、その方は将来のビジョンをしっかりと持っていらして、歯科医になろうとはじめから計画していたんですね。

そして歯科医の大学に入ったら学内で必ず彼氏を見つけて、歯科医になったあかつきには、二人でクリニックをやるという、そこまでの信念を持っておられました。

何と今、本当にすべてその通りになっています。

これって実に賢明な生き方だと、私は思います。

また別の女性は、お医者さんと絶対結婚したいと思っていました。

そこで考えて、医師会を運営する会社にＯＬとして入社。毎月たくさんのお医者さんと出会える環境を作って、その結果うまく夢が叶って、今や医師の奥さんとしてクリニックをやっています。

こうした作戦を皆様も是非、いろいろ練って実践なさるといいでしょう。

仕事が見つかり、結婚相手も見つかり、事業も成功する。この先の先まで考えて、一石三鳥（以上）を狙うのが私のおすすめの生き方です。

それが分かると、**どんな人でもいいから、結婚できればいい。結婚するのが夢なの、なんていう結婚ゴール思考ではダメ！**

そんな考えでは、結婚できないだけでなく、結婚できたとしても必ずしも幸せになれないという事がお分かりいただけると思います。


「行き当たりばったり」はダメな生き方！


ところで一石三鳥の反対は何かといえば、これは「行き当たりばったり」ですね。

好きになったから、何も考えずに結婚したり……。

これは若い時にはありがちなことですが、単なる盛り上がりで結婚するのは大抵失敗します。ですから、もう少しよく考えて行動しましょう。

これから結婚相談所に入るのでしたら、自分が将来やりたいことが叶う相手をそこで選ぶべきです。

あるとき、結婚の前に私のところへ鑑定に来た女性は、はっきりとしたお金持ちの手相をしていらしたので、

「あなたはお金持ちと縁があるから、そういう人じゃないとあなたに相応しくないし、結婚出来ませんよ」

そう申し上げました。

すると相手を見るときの意識が変わったのか、ちゃんとお金持ちの相手と結ばれました。

ですから、若い人ほどそうですが、勢いにまかせた選択はせず、もっと計画的に人生設計を立てていく事をおすすめします。

才能を100%発揮する為のコツ⑩

健康を考えて生きる

才能をフル発揮するのに絶対に欠かせないことは、健康！

そして最後に、才能をフルに発揮していくために、絶対に欠かせないことをお話しします。

それは、体が健康であることです。

当たり前のことのようですが、大事なことです。

以前鑑定にいらした45歳の社長さんの話ですが、人一倍に健康に留意しているとおっしゃっていました。

何故かと聞いてみたら、親友の方がそれは頑張って会社を上場させたのですが、その後病に倒れてお亡くなりになってしまったそうなのです。

そこでその社長さんは、

「40代になったら、それまでのムチャな生き方を変えていかなくては……」

そう気が付いたそうです。

例えば脳梗塞になれば、多くの方が半身不随になったり、マヒが残ったりします。ですから、大好きだったスポーツや旅行にも行けず、人生の半分も楽しめなくなってしまいます。

何もかも、健康な体があってのことなのです。

ですからとにかく、年齢を重ねるにつれ体調管理に気を付けて、社会寿命が長くなるように心がけないといけません。

私の8万人の鑑定で感じている事は、成功している人や一流の人ほど、健康に気を付ける習慣を持っている、ということです。

健康の祈り方

それほど大事な健康です。何としても実現させたいものですが、健康についての祈り方には、ちょっとしたポイントがあります。

例えば１００歳まで生きますようにと言っている人がいますが、それだけでは足りません。もし90歳から後、寝たきりで１００まで生きるのは苦しいですよね。とりあえず１００まで生きるという願いは叶っていますけれど。

ですから、１００歳まで生きる事を目標にすると、最後の10年ぐらい介護が必要な人生になるのが一般的ですから、

皆さんが１００歳まで生きたいのなら、何のために生きるかを決めるのが大事なんです。

孫の世話とか、ボランティアで貢献したいとか何でもいいです。そういった具体的なビジョンを描きましょう。

ただ単に１００歳まで生きる！　と思っている人ほど、寝たきりが長いという事もわかって来ています。

是非とも皆さん、幸せな長生きをする、元気で生きていくためのビジョンをしっかり持っておきましょう。

ペットを飼うのも、体力と健康をもらえる

また、ペットを飼うのもいいですよ。元気と健康、生命力をペットからもらえます。

ペットがいれば孤独でなくなりますし、いろいろ元気が出ます。

またペットに愛情をかけていると、ペットは主人の身代わりで病気になったり、亡くなったりもして、あなたを守ってくれます。

その事に関しては、私のYouTube『ニシタニショー開運講座』VOL．8「犬・猫・ペットは主人を救う」をご覧ください。

才能を100%発揮する為のコツ⑪

してはいけない祈りをしない！

絶対にやってはいけない祈り方とは？

そして、私が皆さんによく注意するのは、絶対にしてはいけない祈り方があるということです。

お母さんがもう先がないから、**私の命に代えても助けてください！　という祈り方はダメ。**

実は、身内に関しては、命の貸し借りが出来るものなのです。

ですから、相手のために自分の命が数年分吸い取られてしまうので、こう祈るのは絶対やめましょう。

また、身内だけでなく、心と心が通っている人に対してもダメです。

私の知っている占い師さんが、とても尊敬している大好きな方（高齢）に対して、私の若さを差し上げたいと思ったら、その瞬間、自分の両手から相手の方へ、ひゅーっと吹いた風が吸い込まれていくのが分かったそうです。

今のは、若さを差し上げたい、という気持ちですから、こちらの元気が移っていっただけですから問題はありませんが、

「私の命に代えても」という祈りは、間違った祈りです。命を縮めますから、絶対しないようにしましょう。

病気のときの祈り方のポイント

それから、病気をしてしまったときには、ただ「治りますように」と祈るのではなく、すでに治っている状態をしっかりイメージすることが一番です。

もう治っている状態をありありと脳内で描いていることは、祈っていることと一緒です。

さらに病気が治っているだけでなく、元気いっぱいに野山を走っていたり、ジムでエクササイズをしているところまでイメージ出来れば最高で、治りはより早くなるでしょう。

これも前述した、ゴールの先を見据えて走ろうという考え方によるものです。

さて、ここまで隠れた才能を見つけ、それをフルに発揮する方法についてお話ししてきました。

これを押さえておけば、これまで眠っていた85%の能力が稼働しはじめて、素晴らしい未来が開けますよ！

第2章

あなたは「金運を」15%しか手にしていない

——金運を上げる思考法

第2章　あなたは「金運を」15%しか手にしていない——金運を上げる思考法

お金がいっぱいあったら、自由が得られる

ここ第2章では、お金持ちになるお話です。

皆さんはお金持ちになりたい方がほとんどでしょう。お金があれば、大抵の夢は叶いますし、生活の為に、あまりやりたくない仕事をやらないで済みます。

だって、あなたにはお金があるのですから、好きなことをして生きることが出来ます。あるいは何もしなくてもいいし、世界中を旅行してもいい。好きなことをして暮らしていけます。

お店を持ちたいというなら、もう道楽ですね。

経営・運営のプロフェッショナルに任せて、黒字経営をしてもらう、なんて事も出来ますから。

という事で、この章ではお金の話です。

あなたは今日からお金持ち！　金欠病の人は卒業しましょう！

やはり金運は大事！　「お金持ちの手相」の動画が、再生回数がダントツ！

本章では、お待ちかねの方も多い「金運を上げる方法」についてのお話をします。

やはりお金の話について関心の高い方が多いと思ったのは、私のYouTubeの『ニシタニショー開運手相チャンネル』で、お金持ちの手相についてお話したのですが、その動画が大変にバズって（＝視聴数が爆発的に伸びて）驚かされました。

＊注：その『お金持ちの手相』の動画は、現在、翻訳字幕付きで、（日本語版を元に）、英語版、フランス語版、スペイン語版、ドイツ語版、ポルトガル語版、アラビア語版、イタリア語版、ロシア語版、ヒンディー語版の、10か国語で聞けるように、YouTubeで公開しています。是非一度、ご覧になってみてください。いろいろな言葉があってホント面白いですよ。

そういう事で本章では金運について、大切なことをお話ししようと思います。

金運を上げる思考法というお話です。これさえモノにすれば、あなたの金運は間違いなく爆上がりしますから、どうぞお読みください。

You Tube お金に関する人気動画

手相動画

手相動画

金運を上げる思考法❶

お金は、お金が大好きな人のところに集まる

善人悪人関係なく、お金持ちはいる、という理不尽な理由

まず、はじめに申し上げたいのは、非常に多くの方がお金持ちに対するイメージを誤解していらっしゃることなんです。

お金持ちとは、社会に多大なる貢献をしていて、さらに人格的にも善良で、品格も申し分のない人。そんなふうに考えている人がいるとしたら、これは大間違いです。

ズバリお金とは、単純に言ってお金が大好きな人のところへ集まって来るものだからです。

この世で一番好きなことは、銀行の預金通帳の残高を見る瞬間、というような人が、強力な金運に恵まれる訳なんですね。

ですから、残念なことに反社会的勢力に属していたりする人も、お金が大好きであるならば、金運は寄って来ます。口を開けばお金の話ばかりで、1円たりとも損はしたくないといった強欲な人、そしていわゆるお金に汚い人であっても同じで、お金が好きで好きでたまら

ないなら、お金は引き寄せられ、その人には不思議に、どこからか常にお金が入って来るのが現実なのです。

今日からお金を愛しましょう！

ですから皆さんも、この法則を知ったのですから、今日からお金をより愛してください。

私はお金に執着がないんです、なんて言っている人がいますが、そんな人は決まってお金に縁がなくて、お金で苦しんできた人か、普通の金運の人です。

それは美徳でも何でもありません。間違っています。

お金はたくさんの幸せを与えてくれるし、周囲の人も幸せにできる、とっても大切で、価値があり、嬉しいものなのです。

皆さまは、お金が欲しいと思ってはいても、そのお金そのものに対して、好きという気持ちは持てているでしょうか。ちょっとそのあたりを、胸に手を当てて自分によく聞いてみてください。

どうか皆さん、**お金と相思相愛**になりましょう。

お金がいっぱい入ったら、あれしよう、これしよう、と楽しい想像をしようではありませんか。それも、お金を愛する、という行為になるんです。

金運を上げる思考法❷

お金を汚れたものだと思っている内は、お金に嫌われる

お金を卑《いや》しいと思っていては、金運に見放されます

そして、よく聞くことに、

「お金より大事なものがある」

「お金がすべてじゃない」

といった言葉がありますが、こんなことを言っているようでは、お金のほうからも機嫌を損ねられてしまいます。

本当に金運に恵まれたいなら、お金を軽んじるような発言は慎むべきです。

こうした発言をしてしまうのは、お金は卑しいものという気持ちがあるからでしょう。お金と言えば、「金の亡者」「守銭奴」「銭ゲバ」といった、よくないイメージの言葉を連想される方も多いと思いますが、そういった感覚は払拭《ふっしょく》したいものです。

ちなみにあの**福沢諭吉先生も「金銭とは独立の基本なり。これを卑《いや》しむべからず」**と述べていらっしゃいます。

つまり、「金銭とは、何か行おうとするときには必ず必要になる基本的な物である。これを軽んじては絶対にいかんよ!」と。

では、どうすればいいかと言えば、お金が自分にもたらしてくれる幸せに、もっと注目してみることをおすすめします。今朝、美味しい朝食がいただけたのも、お金で食材が買えたからですし、この本を手に入れたり、トークショーを聞きに会場まで来られたのも、電車賃を払えたからです。

そう考えると、私たちが毎日普通に暮らしていられるのも、お金による助けが多大にあるためだとわかります。それが分かると、とてもお金を卑しいとは思えませんよね。感謝せずにはいられず、愛おしく思えるはずです。

人類の総合意識の中では、お金は命の次に大事なもの

そう、その気持ちこそ、お金に愛される第一歩なのです。お金にもっと敬意を払い、愛情を注ぐ心の習慣を持ちましょう。

そして間違ってもお金の悪口など言わないように。お金が自分にしてくれること、お金のおかげで出来ることを思えば、とても「お金なんか」といった発言は出来なくなるはずです。

また、**人類の総合意識の中では、お金は命の次に大切なものという位置付けになっています。**家族より友達より、恋人より上なんですね。その裏付け的な出来事をご紹介しましょう。

今から何十年も前の話ですが、私の身近でこんなことが起こりました。

うちの近所に、当時は難病・死病と言われた結核にかかったご婦人が居られたのですが、もう余命いくばくもないと知ったので、全財産を寄付することにしたのですね。するとどうでしょう、何とその後、見事に死病結核がすっかり完治されたのです。

命の次に大切なお金が、自分を助けてくれたわけですね。考えられないような話ですが、私の身近で実際に起こった話です。

お金には、それほど人を救う力もあるのです。

金運を上げる思考法❸

お金持ちになった未来の自分をイメージする

あなたは「お金持ちになった自分の姿」をイメージ出来ますか？

さて、お金を心から好きになれたら、次のステップに進みましょう。こちらも大変重要なお話です。

それでは一つおうかがい致します。あなたは、自分がお金持ちになったときの姿をイメージ出来ますか？　どうぞ自由に思い描いてください。どんな豪邸に住んでいるか、どんなおしゃれをして、どんな食事をして、休暇はどう過ごしているでしょう。

それらを事細かく、リアルにイメージ出来る方ほど、金運に恵まれます。こう言われて、1億円の札束をただ眺めている程度の想像で終わってしまっては、少々イメージが貧困です。たくさんのお金を自分のためにどう使って、どう自分を喜ばせるか。そして心底豊かな気持ちを味わえるというレベルまで行けば、まずは合格です。

人というのは、未来の幸せは思い描けたところまでは、実現するし、そうなる可能性があ

るという事だからです。
もし、思い浮かべるのが苦手な人は、ノートに実現したい夢を何項目か書くのもいい方法です。

お金持ちのイメージを先取りしよう！

これは潜在意識を活用した幸運招来法です。

***潜在意識…過去の経験などによって無意識のうちに蓄積された価値観、習慣、思い込みなどから形成された、普段は自覚されていない意識のこと**

この潜在意識やイメージの力で、なりたい状態や欲しいものが手に入ったとイメージすることが、願望を実現するために欠かせないものです。

さらにそれが手に入ったときや、叶ったときの感情に、しっかり浸ることが出来れば、いっそう現実に引き寄せやすくなります。

はっきりとしたイメージと喜びの先取りをすることで潜在意識にしっかりと願望を刻み込むと、やがて潜在意識がその願望を叶えるための方法や手段を引き寄せて来て、気がついたら願った通りになっている、というのがその理論です。

この潜在意識のシステムを活用するためにも、お金持ちになった自分の姿のイメージ化と、幸せな感情の先取りが大切です。

最終的には、もう確実に願望が叶うことを予定して、理想の自分になったつもりで、豊かなお金持ち気分で日々を過ごしていけば完璧でしょう。

金運を上げる思考法❹

お金は、得たあとの使い道を持つ人に入る

あなたはお金持ちになったら、何が得たいですか？


そしてそのお金持ちになったときのイメージを描くときに、重要になるのが、そのお金が入った後、何を得たいかという目的です。

もちろん贅沢な暮らし、ゆとりのある気分、というのでも悪くはないのですが、もう少し理想を具体的に挙げることをおすすめします。

お金とは目的に引き寄せられて来るもので、目的がないとお金はなかなか近寄って来てくれないからです。

宝くじで大当たりを出した人たちは、多くが、当たったら何に使おうという使用目的が、明確な人だったと言われています。

そうであるなら、貯め込むことだけを考えてお金を渇望するのは、間違っている事なのですね。結果、次のような話になります。

お金が入ることだけ考えて大金を得ると、災いの元になる

つまり、貯め込むだけが目的で大金を得ると、受け取る心の準備や器が出来ていないのに大金を手にしたことになり、結局、失ってしまうことになるんです。

ですから、失うまいとして貯め込むと、病気や事故、トラブル、詐欺や、周囲の人たちの無心、無謀な投資に手を出すなどの判断間違いをして、結果的に失ってしまうのです。

ある奥さまが起こした奇跡のエピソード

その具体的なエピソードをお話ししましょう。

お医者様と結婚して、息子さんももうけて幸せに暮らしていたある奥さまの話なのですが、何とご主人が若くしてガンにかかってしまって、あっけなく亡くなられてしまったのです。さらにご主人はほとんどお金は残さずに逝《い》かれてしまったので、当時は息子さんとのこれからの生活も先が見えない状態。想像するだけでも、どれほど不安だったかと思います。

そんな中、突然息子さんが「僕は将来医者になる」と決意表明したと言うのです。もちろん家にその夢を叶えてあげられるお金はありません。ですが、その強い決心をあきらめさせる気持ちにもなれず、奥さまはそのとき一大決心をしたのです。その時点ではまるっきり何のあてもなかったけれど、どうにかして息子を医者にならせてあげようと。

今振り返っても、何故あれほど無鉄砲な決断が出来たのか不思議ではありましたが、とにかくそのときは、本気でそのように自分に誓ったそうなのです。

すると程なくしてあるご夫婦から、高齢の自分のおばあさまのお世話を手伝って欲しいという依頼が入ったのです。

お食事の準備をしたり、話し相手になってくれるだけでいいからと乞われて、奥さまはおばあさまのもとへ通うようになったのですが、息子さんも顔を出すようになると、おばあさまはすっかり息子さんを気に入り、孫のようにそれは可愛がったそうなのです。加えて、息子さんの医者になりたいという気持ちもよく知っていらっしゃいました。

そして、おばあさまが旅立たれたときのことです。何とおばあさまは息子さんに医者になるよう遺言を残して、数千万円をプレゼントしてくれたのだとか！　にわかには信じられない話ですが、どんなに分が悪い状況でも、心の底から息子の夢を叶えると決心したことで、奥さまは願い通りのお金を引き寄せることが出来たわけです。

この実話から、お金を得たいのならその目的を明確にすること、そして遠慮せずに思い切り欲しいと願うことが大事なことが学べます。あなたも金運を上げたくなったら、素晴らしい奇跡を起こしたこの奥さまのことを、ぜひ思い出してみてください。

金運を上げる思考法⑤
お金は目的もなく、安易な手段で得たなら、あとが大変！

「あぶく銭　身につかず」は本当だ

また、私がよく知る会計士さんがおっしゃっていたのは「あぶく銭　身につかず」はまさにその通りだ、ということでした。

バブルのときに大変に儲かった会社の社長さん方を、会計担当している関係で、10名ほどご存知だったのですが、どうしたものかその数年以内に、その方たちの数人が、お亡くなりになってしまったそうです。

あるいはその後、大損した人もあり、さすがにこう考えたそうです。

大きなお金を持った場合、何かしっかりとした目的を持っていないと、命を縮める結果になるのでは……と。

例えば病院をつくって大勢の人を救うなど、そういった利他的な目的も必要になると思います。もっとも他の為というのでなくても、社員や周囲の人たちに還元しようというのでもいいでしょう。

将来、大金を得たときには、お金はこれこれに使いたい、という考えを早速始めましょう。**必要あって何々に使おうという気持ちでお金を得るなら、そのお金は、福銭、つまり身に付くお金になるからです。**

金運を上げる思考法❻
お金で一生苦しむ、貧乏相の人の特徴、習慣

これが貧乏な人の特徴！

ではここでちょっと、皆さんが絶対になりたくないであろう、「貧乏な人」の特徴をご紹介します。私はこれまで8万人以上の方と鑑定を通してお会いして来ましたが、そんな中で確実に言えるのは、貧乏な人はとにかく、開口一番にネガティブな発言をするということで

す。

たとえば雨の日であれば、顔を合わせるなり

「今日は雨で鬱陶《うっとう》しいですね。もう気が滅入ってくるよ」といった感じです。

こんな調子で延々と文句をおっしゃるので、だんだん聞いているほうも気分が滅入って来ます。**自分の不快感に、相手を巻き込むような人はお金には縁がありません。**

マイナス思考では、運気は上がりません。

反対に、雨の日は、

「いいお湿りで気持ちがいいですね。雨の日は何だか穏やかな気持ちになります」

といった、**肯定的で心地よい言葉を使えるプラス思考の人は、ほとんどお金持ち**（笑）。

相手の気分を良くしてあげられると、それは徳（人を幸せにするなどの積徳）となって、結果として自身の豊かさにつながります。

言ってはいけない言葉がある

またもっともご法度なのは「お金がない」と発言することです。お金がないと口にしてしまえば、前述した潜在意識にお金がない状態が刻まれてしまうので、さらにお金のない状態

が引き寄せられて来ます。ですから、ゆめゆめうっかり言葉にしないでくださいね。

そしてしょっちゅうお金がないと言い続けていると、周囲の人も「あの人はお金がないんだわ」と思うようになります。すると自分が思っているだけだった貧乏世界が、輪をかけて人からも貧乏人だと認識されてしまい、あなたの貧乏人生が決定してしまう、という恐ろしい事になります。

こうなるともう、金運から見放されることは言うまでもありません。

という事で、今日から「お金がない」の言葉は禁句といたしましょう。

金運を上げる思考法❼
景気のいい話をすると、お金が寄ってくる!

景気のいい話をして、お金に好かれよう!

皆さん、お金は、景気のいい話が大好きです。

ですから景気の悪い話からはじめるような癖のある人は、必ず早速、直すようにしてください。

仕事がうまくいっていない、旦那さんとケンカをした、といったことも、なるべくなら言わないほうがいいですし、せめて口を開くなり言うのはやめましょう。そう気を付ける事であなたも、周りの人も、運気は大丈夫です。

とにかく、その場が明るくなるような話題をどんどん提供することです。

運のいい人は、会うと景気のいい話をする！　運の悪い人は……

運のいい人には特徴があって、会うと元気になる、という事があります。

それは、プラス思考の言葉がドンドン出て来るからです。それもユーモアがあったり笑いもあったりと、楽しい。

反対に運の悪い貧乏な人は、悪いニュースに敏感です。そのため悪い話をたくさん取り込んでしまうので、自然と話題もよくないことを選びがちです。悪循環極まりですね。

ですので、豊かになりたければこうした貧乏感覚を養わないよう、悪いニュースより明るくハッピーなニュースに意識を向ける習慣をつけましょう。

少なくとも、悪いニュースを聞いても、最後はグッドニュースで締めくくる習慣をつけるといいですよ。

まずい食事だったとしても、最後のデザートがとても美味しければ、とても満足する幸せな食事だった、という感覚です（笑）。

金運を上げる思考法❽ 意識の壁をぶち破れ！

お金持ちになるには、意識の壁を破ること！


続いて心掛けていきたいのは、お金についての「意識の壁」を破ることです。よくみられるのは、１０００万円の貯金は出来たけれど、そこから先が貯められない。

会社経営をしていても、年商３０００万円は達成出来ても、それ以上の売り上げが上がらないといった方です。

これは、ご自身で勝手に限界を作ってしまっているからです。自分は1000万円以上は貯められない人間だ、といったように。この意識の壁を破り、限界を超えていくことが、さらなる富を築くために大事なことです。もっとも、取り敢えず3年間の貯蓄目標1000万円ならいいですが。

大砲の原理

ただでさえ、大砲の原理と言って、遠くの的に向けて大砲を打つと、重力で下側に着弾します。

つまり、1000万円の貯金を目標にすると、上限が1000万円で、それ以下になるという自己限定を作ってしまう、という訳です。

ですから、1000万円を得るには、1200万円ぐらいを狙っていく気持ちが必要です。

大口を叩いて大成功!? 意識の壁を破ろう

自分の限界を突破したことで大成功した人の話をしましょう。

ある潜在意識の専門家が講演会を開くことになったときに、あのドナルド・トランプ氏をゲストに呼ぼうというアイデアが浮かんだそうなのです（ちなみに、このときトランプさんは、まだ大統領にはなっていませんでした）。

ですがこの専門家の先生は、実際には自分が呼べるお客さんの数は、７００人くらいしかありませんでした。その程度の観客数ではとてもトランプさんは来てくれません。トランプさんクラスの方でしたら、少なくとも１万人は人を集められなければ話になりませんし、講演料も１億円はかかります。

そこで電話をした時に、受付の女性に、

「どれぐらいの参加者を集められるの？」と聞かれて、その先生は思い切って、

「１万人は集められます！」と大口を叩いてしまったんです。

７００人しか集められない実力の人がですよ。１万人！　という言葉は清水の舞台から飛び降りる、いやアメリカの話ですから、エンパイアステートビルのてっぺんから飛び降りる様なものでした（笑）。するとその先生は、言ってしまった後から、もうドキドキが止まらなかったそうです。

もちろん、それならばとトランプさんも快諾してくれて、いよいよ大講演会が開催されることになったのですが、蓋《ふた》を開けてみたら何と３万５０００人以上もの人たちが、講演会の

チケットを求めて殺到し、講演会は大成功。

もちろんトランプさんへの講演料も充分支払うことが出来て、自分の観念を破ることが出来、うんと高い次元に入った、という結果になったのでした。すごい話ですよね。

自分が限界としていた、700人という集客数の観念を破り、飛び込むような勇気を出して挑んだことが、成功の決め手になったわけです。

あなたも、自分で勝手に「私の限界はこの程度」と決めつけてはいませんか？　1000万円と決めてしまったら、もうそれ以上のお金は入って来ません。

お金持ちと言われる人たちは、誰もこうした意識の壁は作らないから（あるいは何度も意識の壁を破ってきたから）、信じられないほどのお金が流れて来るのです。

人には本来、限界はないのですから。

金運を上げる思考法⑨

経済力をつけ、生活の為に働かなくてよくしよう！

独立した生活が送れるための財産を作ろう

続いて本多静六さんという、東大の名誉教授を務めた方の話をしましょう。

この方は60億円とも100億円ともいわれるほどお金を貯めた株式投資家でもあるのですが、素晴らしい名言を残されています。

それは、

「独立生活が出来るだけの財産をこしらえなさい。でなければ、常に金のために自由を制せられ、心にもない服従を強いられることになる」（本多静六）

というものです。これは心に留めておきたい言葉ですね。

お金のために、生きたいように生きられなくなるのはまさに虚しさの極みですから、財産を作ることは早いうちから考えておくべきでしょう。

収入の4分の1貯金

私の提案としては、まず1000万円貯めることです。この程度ならそれほど難しい話ではないと思います。

本多静六さんは、4分の1貯金という、収入の4分の1は初めからなかったものと考えて、自動的に貯金することをすすめていらっしゃいます。

それは収入の少ない時でも、収入が多くなった後も、4分の1を貯蓄する、というものです。

この貯蓄法を始めた頃は、本多先生も貧乏で、奥さんから反対されたそうですが、安月給の初めの内はちょっとハードかもしれませんね。

でも、そうして貯蓄も出来るし、給料もあがり、投資にも回して大金持ちになったのですから、奥さんも喜んでいるのは言うまでもありません。

収入の4分の1貯金。とてもいい方法ですので、ぜひ習慣にしてはいかがでしょうか。

お金への不安を消すには、一生仕事が出来る技術を持つこと

そしてそれと並行して、一生自分の収入になるような技術を身につけることです。

例え大きな財産を築いたとしても、定年退職後、収入が入って来ないのでは、銀行の残高は目減りしていく一方ですから、だんだん必要以上に倹約し、出費を抑えようとして生活がレベルダウンしていきます。これではお金持ちの暮らし方、生き方とはとても言えません。

金運に恵まれるには、お金に対して不安を持つことはご法度。お金が減る……と心配ばかりしていると、その心配通り、本当にお金はどんどんなくなっていくからです。

ですから、一生仕事をしていくための技術が重要になります。こうして何歳になっても収入源が確保出来れば、年金は余剰金くらいに考えられますから、精神的にもゆとりが出来、心も豊かになれます。

要は守りに入ってはダメ。一芸や専門技術を何か一つ身につけて、どんどん常に何歳になってもお金が入って来るシステムを作り上げることです。

これが生涯お金持ちでいるために必要な姿勢といえます。

金運を上げる思考法⑩

職業は未来に夢とビジョンを持って、取り組もう！その後、金運が付いてくる

まずは、社会やお客様への貢献、その後、お金が付いてくる！

儲かる仕事はなにか⁉　という考えで事業を起こす人が多いですが、その考えでは近々行き詰まるでしょう。

つまり、間違ってスタートすると、お金が逃げて行ってしまうからです。

そして、孤独にならない晩年が理想なので、孤独と無縁な職業とは？　など考えます。

ちなみに、どんな技術を身につければいいかという話ですが、お客様を相手に出来て、年齢を問わずに出来るという仕事はいいですね。

体力があり、接客が好きで、料理が出来るなら、小料理屋なども充実感があります。

そこで、手相も観るなどできたら、楽しいですね。

実際、私の手相スクールには、銀座の一流ママさんも習いにいらっしゃっていて、接客の

お仕事に大変役に立っているようです。

孤独は寿命を縮める

実は先日、**孤独な人ほど若くして亡くなるという医学データがある**のを見ました。

若死にしてしまうほど、寂しさというのは生命力を弱くするのですから、金運も寄り付くはずがありません。孤独感というのも金運を下げてしまう要因と言えます。

常に人と関わって、色々な話が出来る環境にいるというのも、お金持ちで長生きするためには外せないことです。

是非、皆さんの得意な方法で、ベストな環境を作ってください。

金運を上げる思考法⑪

徳を積み、信用を得る生き方をすれば、お金は必ず入って来る

徳を積む人には、お金が集まって来ます

いよいよ金運アップのお話も大詰めになって来ました。

最後は人としての在り方について、押さえておいていただきたいことをお伝えします。

皆さんもご存知の松下幸之助さんの言葉に、

「10万円の商品を買っていただいて、20万円分喜んでもらおう」

というものがあります。少なくとも2倍の価値を与えていく心意気で仕事をするということです。20万円分喜んでもらえれば、そのうちの10万円は商品の価値。そして残りは売るにあたって注いだ誠意や真心で、それこそが天に積まれる徳分になります。

つまり、20万円の価値があるものなのに、10万円しか受け取らないのですから、1つ売るたびに10万円分は天に徳が積まれることになります。

徳はあらゆる幸せに化身して顕現する

この**徳分は、幸せのエネルギーですから、あらゆる幸せに化身します。**

ある時、お金となって入ることもあれば、素晴らしい配偶者として得られることもありますし、名声や人気という事に化身して現れる場合もあります。

その他にも、可愛いペットが来たり、才能に恵まれたり、容姿に恵まれたり、援助者や優秀な部下に恵まれたりします。

子供運や、結婚相手の両親に恵まれたり、好きな仕事に就けたり、健康に恵まれたりと、もういろいろな幸せに恵まれます。

そしてこの**徳が備わっている人には、お金が集まって来ます。**お金は人のためになることをしたいという人が大好きなのです。

ですから幸せになりたい人は、例えば時給１２００円で働くとしたら、少なくとも2倍の、２４００円分の仕事をするつもりで働く。

するとどんどん徳が積まれていって、ある日突然驚くほどの臨時収入に恵まれた、というようなことが本当に起こります。

矢沢永吉さんが、30億円もの借金を6年間で返せた理由

そして**お金に好かれるために、もうひとつ大切にしていきたいのが信用です。信用＝徳＝お金、ともいえます。**

例えばあの矢沢永吉さんは、かつて事務所の元スタッフの横領事件に遭い、30億円もの借金を背負いましたが、それを何とわずか6年間で、どんどんコンサートを行なうことで返済してしまいました。

驚くべきエピソードですが、こんなことが出来たのも、矢沢さんのそれまでの行動、生き方をみて、矢沢さんに誰もが絶大な信用・信頼を置いていたからです。おそらくコンサートも常識外れなほどの回数を開催されたと思いますが、スタッフは矢沢さんを信じていたから一丸となって敢行したわけです。もちろんファンからの信用、信頼は言うに及ばないでしょう。

という事で、信用があれば、窮地に陥ってもお金を得ることが出来る、というお話でした。

第3章

あなたは「幸せの」15%しか味わっていない

――人生を10倍楽しむ方法

第3章　あなたは「幸せの」15％しか味わっていない――人生を10倍楽しむ方法

たった一度の人生、もっと貪欲に幸せを追求しよう！

本章では、「人生を10倍楽しむ方法」ということをテーマにお話ししていきます。それはすなわち、現状より少なくとも10倍は幸せになるということです。たった一度の人生ですから、どうぞ尻込みなさらず、もっともっと貪欲に人生と向かい合おうではありませんか！

しかしこの幸せというものは、とても千差万別なところがありまして、1万人いれば見事に1万通りの幸せのかたちがあります。

私もこれまで8万人以上の方を鑑定して来ましたが、それぞれに求めるものは本当に違います。つまり基準になるものはないわけですね。

ですからまずは自分がどうしたいか、どんな人生にしたいのかを、ご自身の中ではっきりさせておいてください。**夢や希望の実現は、願望をハッキリさせる事からです。**

ここではそれを踏まえたうえで、大切な考え方や、やり方を紹介していきます。

人生を10倍楽しむ方法❶

幸せになるための基本は「腸」!?

それではまず、幸せになるための基本とも言える「腸」のお話からはじめます。

私は手相家として48年間で8万人の方々を鑑定してきました。その中で、健康に関する相談も大変多くありました。

そこでハッキリわかった事は、**健康の要は腸であり、腸が悪い人が大病し、腸の調子がいい人は病気をしない。また腸を整えたら病気だった人もドンドン改善していく、という現実でした。**

世の格言には、「腸《はらわた》が煮えくり返る」とか「断腸の思い」と言ったように、気分を表す言葉として「腸」という単語はよく使われています。

これにはれっきとした根拠があります。人の体の中心に存在する消化器官である腸の状態は、人の気分に影響を与えることが科学的に分かって来ています。

昨今では腸のことを「第二の脳」と呼ぶ学者もいるほど、腸の健康と精神の幸せとは切り離せないものと考えられています。

それは、人が幸せを感じるときに、脳の中では「セロトニン」や「ドーパミン」といった神経伝達物質が働いていることにあります。そしてこれらの神経伝達物質を作り出しているのが腸。つまり**腸の健《すこ》やかさ次第で、幸せを感じる度合いが決まって来てしまう**わけです。

ですから、まずは腸内環境を整えることからはじめましょう。

手軽で安価だからと、ジャンクフードやファストフードに頼るのはやめて、野菜や果物、海藻、豆類などからビタミンやミネラル、食物繊維をきちんととって、納豆や漬物、ヨーグルトといった発酵食品も欠かさないようにしましょう。

そしてたんぱく質の摂取も必須です。細胞から髪の毛に至るまで、たんぱく質は最重要な栄養素。異常な食欲も押えてくれます。ですから腸にも当然いい効果を及ぼします。

また、肌のきれいさや、髪の毛のツヤなどもたんぱく質効果です。しっかり摂って、若々しさを維持しましょう。

1日の目安は、体重50kgの人でしたら50g。60kgの人でしたら60gといったように、分かり易い必要量ですので、しっかり毎日食品の成分表からタンパク質量を計算して、1日の必要タンパク量をクリアしましょう。

こうした食生活を送っていくことで、腸をはじめとして幸せを存分に引き寄せられる体の土台が出来ますから、くれぐれも食事を軽んじないようにしてくださいね。

そして、腸の健康のバロメーターは、毎日ある快便であることも申し上げておきます。

人生を10倍楽しむ方法❷
若くしてお金を得て、リタイア？　それは幸せか⁉

早期引退して悠々自適⁉

幸せになるための体が出来上がったら、次は心構えのほうへ移っていきましょう。

今から20数年前に、私が体験したこんな出来事がありました。

私がニューヨーク在住時代に、ある音楽プロデューサーのセミナーに参加しました。参加者１００人ぐらいのそのセミナーの中で、司会者の女性がアメリカンドリームを達成したという男性起業家の方を紹介したのです。

会場の大きな拍手で迎えられたその方は、まだ29歳の若者でした。**その男性、何とすでに一生食べていけるだけの額のお金を稼いだとのこと。そこで彼はもうリタイアして、これからは悠々自適の好きなことをして生きていく人生を歩む、**という趣旨のことを話していました。

その話を聞いて会場から、再び大きな拍手が起こりました。

皆さまはこのお話をどう思われますか？　確かにその若さで一生困らない財産を築けたら、大変な成功をおさめたと言えましょう。

ですがわずか30歳足らずで、これからの人生のテーマが「好きなことをする」だけになってしまうというのも、思いのほか寂しいものではないでしょうか。

これはキリスト教圏では、労働は神が与えた罰という観念がありますので、欧米では働くこと＝苦しみ、働かないで暮らせること＝幸せ、といった発想が持たれがちという背景から来るものです。でも私たち日本人としては、なかなかもろ手を上げて共感するというのはむずかしいと思います。

実際、その早期リタイアの話を聞いた私は、「やれやれ、まだ29歳の若さで、引退？　それがそんなにいいの？　面白くないじゃないの？」と心配な気持ちを彼に持ちました。

人生を10倍楽しむ方法❸

定年後に趣味三昧、それは幸せか⁉

束縛も困難も、幸せになるための大事な要素

私がそう思ったのは、それは日本人のルーツの中に、働くことを喜びとする思想があるからです。

ここで思い出すのは、ある大手の営業部の課長さんAさんの話です。

うちの会社を担当していたAさんは、自身の60歳でのリタイアをとても楽しみにしていました。

ある日の年末に、彼は最後の仕事として、うちの新たな担当になる引継ぎの部下を連れて来たのですが、その日の彼はとても楽しそうでした。

そして私に、こんな話をしたのです。

「私は引退後は、大好きな映画の撮りためていた６００本のビデオを毎日観たい、全部観るんです」という内容でした。

それまでは思う存分映画を楽しむことも出来ないほど、忙しかったんですね。

ところが実際に定年退職をして、希望通りに映画三昧の日々がはじまったら、すぐにそんな生活に飽きてしまったようです、という話を、引継ぎの人から聞きました。

あれほど毎日たくさんの映画を観て暮らすという夢が叶ったのに、Aさんご自身もそれは戸惑ったことでしょう。

定年退職をして、釣り三昧？

また時々鑑定にいらしていた、医師Bさん（男性57歳）の話です。

忙しい診察に日々追われる医師のBさんは、月に2度ぐらい趣味の釣りをするために釣り竿《ざお》を車に積んで、釣りに出掛けていました。

すると、釣り仲間の男性Fさんが、時々来ていて親しくなっていました。

その男性は、60歳の定年をとても楽しみにしていたのですね。そして、よくこう言っていたそうです。

「定年になったら、釣り三昧の生活をするんだ」（Fさん）と。

それで、ついに定年に成ったのですね。そして毎日、釣りに行きだした。

そんな時に、Bさんが、忙しい合間を縫って1か月ぶりに釣りに行ったのでした。

すると定年退職したFさんが、一人で釣っていた。

Bさんは言いました。

「Fさん、毎日、釣りが出来ていいですねぇ」と。

すると、意外な答えが返ってきました。

「いや、毎日釣りをしていると、飽きるよ〜。全然面白くないよ」

つまり、忙しい中に時間を作って静かに釣りをするから、幸せを感じるのであって、何もしないで釣りばっかりすると、全然面白くない、という訳です。

忙しい最中のひと時の静寂が、幸せの基本

私から見ると、これは当然の結果だと言えます。

人間というものは、仕事という束縛や困難があるからこそ、映画という楽しみが輝くわけです。楽なことばかりでは、幸せを感じるセンサーが発動しなくなってしまうんですね。

人間の幸せの根源というのは、ここにあるんです。つまり、

「額に汗して労働した後の、冷たいビール！」、これが幸せの定義。

これこそが最高に美味しく、大きな感動をするものです。

つまり、何もせずにだらだら朝から飲んでいるビールには、感動など覚えませんからね。

ですから、真の幸せを感じるためには束縛や困難といった、一見避けて通りたいようなものを厭《いと》わないことが大事なのです。

人生を10倍楽しむ方法④
忍耐力を高めることは、幸せになる為の鉄則

訓練がもたらす価値を知ろう

その幸せの定義が分かってくると、**楽ばかりしていては、幸せを感じる感度も鈍ってしまうと気づきます。**

例えば筋トレも、はじめは10kgのものを持ち上げるのも苦しいですが、耐えて続けていくと、そのうちに10kgどころか、20kgにも耐えられる筋肉がつくようになります。すると、生

活の中の重力も、軽く感じて人生快適になる。
＊高齢になっている方は、急に重いものを持ち上げるトレーニングは膝に悪いですから、ご注意を。

ジョギングも、最初はつらく感じますが、あるとき駅の階段を軽々と駆け上がれるようになったりして、その進化ぶりに自分を褒めたくなります。自分を大いに認めたくなるんですね。この充足感は、訓練なくしては起こりません。

こうして、訓練ということが価値を持つわけです。

それが分かると、苦しいことを乗り越えようと努力する気概も、幸せを感じるために必要なものであることに気づきます。

宇宙飛行士の話……

ところで、宇宙飛行士の話が、ここで参考になると思います。

宇宙飛行士の皆さんは、宇宙船の中では無重力状態の為、1か月も力仕事をしないと、体の筋肉がすっかり弱ってしまうそうです。

その為、重力のしっかりある地上に生還した時には、もうすべてが重くて大変な思いをするそうです。

食事する、スプーンや箸までが重く感じて、大変なのだとか。

そのように人は、日頃から、ちょっとハードを強いて、必要な忍耐力や筋力を付けておくことが、より幸せで快適な生活が送れるということになります。

もっとも、近年は宇宙船の中に筋力アップの器具が備え付けられていて、使用しているようですが、この話はそれ以前の話です。

人生を10倍楽しむ方法⑤

楽ばかり追求するほど、幸せから遠のく!?

飛べない鳥、キウイに学ぶ

ニュージーランドの国鳥「キウイ」が教えてくれている事があります。

皆さまは、ニュージーランドに生息する「キウイ」という鳥をご存知でしょうか。ニュージーランドの国鳥で、「飛べない鳥」としても知られている国鳥です。

何故飛べないのかと言うと、その昔、ニュージーランドのある島には、鳥の天敵となる哺乳類が生息していなかったからです。

天敵から逃げる必要がなくなったキウイは、やがて羽が退化し、地上で生活するのに適した生物へと変わっていったのです。

天敵から逃げずに済むのは楽で安心なことです。ですがそのために「飛べる」という可能性がなくなってしまったことを思うと、惜しい気持ちもします。

もっとも、やがて天敵が来たら、たちどころにやられてしまい、滅びてしまいます。

心配していたことは現実になりました。

キウイが生息している島に、やがて人間や捕食動物たちが入り込み、弱いキウイはドンドン食べられてしまいました。

弱肉強食の自然界では、弱いものはたちどころに滅ぼされてしまいます。

この教訓から分かることは、**つまり精神・肉体を常に鍛えておかないと、どんどん弱くなって、少しの試練や外敵、あるいは大変なことが出てきたら、もう耐えられず、立ち直れないほどのダメージを受け、不幸になってしまう、**という事です。

それが一般に言う、訓練という事のメリットです。

あえて「ちょっとハードなこと」にチャレンジしてみませんか？


これと似たようなケースに、働くのを苦手とする人たちが多くいます。

働くのが嫌、人に会うのが嫌と言って避けていると、確実に人として退化してしまいます。

ここで勇気を出して、外に出る挑戦をすれば、その後どれほど人生が変わる事でしょうか。

人間はあえて「ちょっとハードなこと」に取り組んでいくと、その先に幸せがあります。

それを乗り越えるたびに成長が出来て、自分への自信も生まれてきます。

人生を10倍楽しむ方法⑥

夫婦喧嘩？　それ、ウォーミングアップだよ、アッハッハ！

結婚への価値観や観念をちょっと変えてみる

そこで、ちょっと女性の皆さまにお伝えしたいことがあります。

このところ、結婚に対して、とてもネガティブなイメージがついてしまっているように感じます。

それはシングルで行くほうが仕事も趣味も制限なく没頭出来ますし、育児や厄介な家同士の問題や、親戚関係のことに悩まされることもないという事実があるからです。

でも、果たしてそういったことだけで非婚の道を選んでしまうのはどうかと思うのです。

結婚は確かに修行といった側面もあるでしょう。ですがそこで、多少不自由な思いをしながらでも自分の道を進んでいくと、そうしたから得られるものがあるし、より生きている実感も湧きます。そして何より、やがて願望が叶ったときの達成感、幸福感はずっと大きいものになると思われます。

要は、たやすく楽なほうに流れないほうがいいということです。

こんな言葉があります。

「結婚できない苦しみ、結婚したら、した苦しみ」ってね（笑）。

どっちも大変だ！　という話。

でも、**結婚に関しては、あまり慎重に考え過ぎないこともおすすめします。１００点満点の人なんていませんから。**

また夫婦喧嘩ですが、そんなものはもう、毎日やって当たり前くらいに考えておくのがいいと思います。

初めて夫婦げんかをして、今もドキドキしてるって？

以前、私のセミナーに参加した30代後半の女性の話です。

その方は、結婚してから17年間、一度も夫婦げんかをしたことがなかったそうで、昨夜初めて夫婦喧嘩をしたのだとか。

それで、私の講演後の質疑応答のコーナーの質問用紙にこう書いてありました。

「先生、私は昨夜、結婚して17年目に初めての夫婦げんかをしました。今もドキドキしています。これからどうなるか不安です……どうしたらいいでしょうか?」(I子 38歳)

そこで私は答えました。

「夫婦げんかなんて、毎日するものだと思っている人もいっぱいいますよ。夫が酒飲んで、包丁振り回して、警察を何度も呼ぶなんていう夫婦も、よく知っています。でも、別に離婚するっていう訳じゃないんですね。

それは、慣れっこになっているので、彼らにとっては普通なんです。

I子さんの場合、今まで夫婦げんかしてこなかった分、免疫不足ですね。まったく違う環境で生まれ育った他人の二人が、一緒に暮らすんですから、結婚して初めの10年ぐらいは『離婚するぞ!』と思うことが、100回、200回あって当然です。

I子さんも、夫婦げんかに慣れましょう。」(西谷)

みのもんたさんの、夫婦げんかに学ぼう!?

あるマスコミのリポーターが、早朝、人気絶頂だった頃のみのもんたさんの家の前で、みのさんのインタビューの為に待ち構えていたのですね。

すると家の中から、家の外まで聞こえるほどの夫婦の怒鳴り合いが聞こえて来たそうな。

それで家を出てきたみのさんでしたが、おそるおそるレポーターの人が、

「あ、あの……、いま凄い声でのやり取りを聞いてしまったのですが……」というと、みのさんは、

「あぁ、今のね。あれはほんのウォーミングアップだよ。ワッハッハッ！」

と、平然と言って車に乗り込んだそうです。

う〜ん、面白いですよね。

大変なことでも、日頃から訓練（？）が行き届いていると、全然へっちゃらになる、という事です。

人生を10倍楽しむ方法⑦

ビックリするような結婚観を聞くと、変われる

幸せの基準は様々、自分で決めましょう

それと、私の講演会場に、こんなビックリな女性もいました。

その方、会場にまだ数か月の子供さんを抱っこしていらっしゃったのですが……。

なんと話を聞くと、**彼女は計5人の子どもを授かっているのですが、1人目から5人目まで、全部お父さん（彼女の夫）が違う**そうなのです。

それもナント、離婚するときは、必ず夫婦プラス新しい男性を交えた3人で離婚協議をして、円満に離婚していくそうです。

もらい受けシステム？（笑）。

結婚するのは一度で、結婚したら一生一緒に……というのは、一つの理想なのですが、こういう女性の話を聞きますと、観念が破れますね。

驚くような事がいろいろあります

家の外まで聞こえる夫婦喧嘩も、５回の結婚をする女性も、傍から見ればエッ～と驚くようなことかも知れませんが、本人が納得して、これが自分のやり方と自信を持っていれば何の問題もないのです。

私は、現在８万人の手相鑑定をしてきたので、驚くような人生をたくさん聞いています。それから悟った事は、幸せの基準は人それぞれ。自分で決めるということですね。

結婚していた方が、いろいろ問題はあるけどいい、というなら離婚しない選択がいいし、離婚することで今より幸せになるのでしたら、離婚もいい、という事です。

いさかいも予想外の出来事も、結婚の妙味

そして、あまり絵に描いたような理想の相手にこだわり過ぎるのもやめましょう。何でも自分の言うことを聞いてくれて、落ち込んだときにはやさしい言葉をかけてくれて、もちろん稼ぎもいいという相手と平和に暮らすのは理想かも知れませんが、そこにいさかいや予想外の出来事があったりするから、結婚に面白さが出て来ます。

何しろ相手は生身の人間で、ロボットではないのですからね。そんなトラブルやハプニングを乗り越えるたびに人は成長しますし、いっそうの人間的魅力も備わっていきますから、無駄に怖がる必要もなく、「どうぞ、ウェルカム」ぐらいの気持ちでいいのです。

どうですか？　こんな話を聞いていると、皆さまもだんだん自分の中での価値観や観念が変わって来たりしませんか。異性との関わり方も、結婚に対する姿勢も、もっと自由でいいと思えて来たらしめたものです。

ぜひ最初から穏便で楽な道ばかり歩もうとせず、多少は自分なりの冒険や無茶もしてみてください。その先にはあなただけしか出会えない幸せが必ず待っているものです。

人生を10倍楽しむ方法⑧
言葉は人生を変える偉大なパワー！

「言葉の力」を甘く見てはダメ！

さて、続きましてはとっても大事な「言葉」のお話をしましょう。

毎日当たり前のように、何気なく発している言葉ですが、これには大変な力があります。幸せをつかむには、言葉の使い方次第と言っても過言ではないほどですから、ぜひしっかり押さえておいてください。

そしてこの言葉は、イメージとセットにすることがポイントです。

これまで鑑定をして来て思うのは、不幸になりがちな人はみんな、悪いイメージをして、さらにそれを言葉にするくせがあるんですね。

「多分、私のほかにも女性がいる」

「このままでは借金が返せなくなる」といったように。

はっきり言えば、女性が本当にいるのか、借金は絶対に返せなくなるのか、何の根拠もないのに、勝手にそんなマイナスなイメージを膨らませて、ご丁寧に言葉にまでしてしまうというのはいただけません。

イメージは言葉に変えると最強です

まず皆さまにやってもらいたいのは、自分の未来について、最高に幸せになった状態を思い浮かべましょう。これは幸せになるための鉄則です。

出来る限り詳細にイメージして、映像化するまでしっかりと想像します。

そして次はそのイメージを言葉に変えていくこと。

子どもが3人欲しいなら、遠慮して2人などと言わず、はっきり自分は3人授かる！　と言い切るのです。

すると、本当にそんな状況が引き寄せられて来るものなのです。

そして、一番実現パワーを発揮するのが、ハーバード大学の実験レポートにあった結果報告です。

ハーバード大学の学生に未来の理想を思い描いているかという質問をしたところ、84％は思い描いていないと答え、13％は思い描いている、と答えた。

さらにその理想をノートに書いているか？　の質問に、3％の学生がハイ、と答えたそうです。

それで、10年後にその学生たちに再インタビューをしたそうです。

すると、**ノートに書いている、と答えた3％の学生の年収は、他の学生97％の年収の10倍だったといいます。**

言霊の力で、年商２５０億円を達成！


この言葉の力、言霊の威力は大変なものだという実例をお話ししましょう。

随分前に鑑定に来られた男性の方で、当時20代だったのですが、その方の手相を観たら、素晴らしい実力があることがわかったのです。

そこで私はズバリ、

「あなたは年商２００億円を目指しなさい！」（25年前の西谷の予測）

とお伝えしたんですね。そのときは驚いていらっしゃったのですが、私は言った事をすっかり忘れていました。

それから25年経った頃、ひょっこりその方がまた鑑定にいらっしゃり、こう報告してくださったんです。

ナント、年商２５０億円の会社に成長させることが出来ましたと。

「あのとき、先生に言われた言葉がずっと励みになって、頑張り続けることが出来ました。特に『年商２００億円』というキーワードは頭に強く刻まれて、片時も離れなかったほどでした。

ですからどんなにつらいときでも、年商２００億円、と呟《つぶや》くと、不思議に力が湧いて来たのです。そして気がついたら200億円を超えて、250億円という結果にたどり着けました」

そうイキイキと話してくださったのですが、これぞまさしく言葉の力を生かせた好例です。もしもその方が、200億円なんてあり得ないと笑い飛ばしてしまっていたら、現在のその方は絶対にいなかったと思います。

「ポジティブぐせ」をつけよう！

そこでまず、すぐにもやっていただきたいのが、自分は否定的なイメージを持つくせがないか、ネガティブな言葉を使うくせがないか、ご自身についてよく振り返ってみることです。思い当たることがあれば、改めてください。「ポジティブぐせ」をつけようではありませんか！

ノートに将来の夢や希望を書く！

そして先ほども言いましたが、**言葉にする行為は、口に出すことだけでなく、紙やノートに書くというのが効果があります。**

私自身、ニューヨークにいたときに、将来の目標や夢といったものを、7項目、ノートに書き出していました。初めはそれを少しは見ていましたが、そのうちにそのノート、どこかに行ってしまったのですね。書いた内容も、すっかり忘れてしまいました。

そして帰国して5年後に、部屋を片付けていたら、段ボールの中から、そのノートが出て来たのです。そしてそのノートに書いていた7項目の未来の夢を読んで見たら、ナント、その7つともが全て叶っていたのです。もうビックリでした。

やはりイメージと言葉の力はあなどれません。

人気芸人の、あぁ～しらきさんがノートに書いたこと

私が以前やっていたトークショーに『ニシタニサロン』があります。

そのサロンに、人気女性芸人さんの、あぁ～しらきさんにゲスト出演をしてもらったことがあります。

その時に、私がノートに書いたことが全て叶ったという、今のお話を話したところ、しらきさんがこんな話を。

「私も独身時代に、ノートに書いていた理想の結婚相手の条件が5項目ありました。

それを箇条書きでノートに書いていたのですが、時とともに、すっかり忘れてしまっていたんです」(しらきさん)

そして彼女は、数年経ち、結婚した後でそのノートを見つけたのでした。

すると、「結婚した人は、理想の結婚相手の5項目が、すべて叶っている人だったんです！ 驚きました」(しらきさん)

そして、彼女がこう付け加えました。

「ノートに書き込んだ内容は、最初しばらく見たら見ないようにして、書いた内容を忘れていると叶いますね」(しらきさん)

ノートに書いた内容を、一つお聞きすると……

そこで私は、しらきさんに聞いてみました。

「ねえ、どんなことをノートに書いてたの？ よかったら、一つだけでいいから教えて」(西谷)

と。

すると、「いいですよ」といって、こんな話をしてくれました。

「結婚相手に望む条件の1つは、私に好きなようにやらせてくれる人」（しらきさん）

この件に関して申し上げれば、彼女のご主人は、彼女の好きなようにやらせてくれる、まさに理想通りの人でした。

実はその後、彼女がご主人を連れて私の鑑定にいらっしゃったので、お会いしたのですが、まさに彼女に好きなようにやらせてくれる、とっても芸能界の仕事に理解のある理想の旦那様でした。

ノートに書いて、一度忘れると、見えないところで夢達成の力が働き（これが潜在意識の力）、いつの間にか夢や理想と思っていたことが、叶っている……。

というものなんです。

皆さんもその方法、是非やって見てください。

人生を10倍楽しむ方法⑨
もっと、未来を楽しく描こう！ もっと最高の未来を描こう！

夢が実現する「ノート活用法」

ですから、たとえば結婚したいなら、どんな人と結婚したいかをノートに書いておくのはおすすめしたい方法です。

そして大事なコツは、今申し上げたように、ノートに書いたら後は忘れてしまうこと。

願いごとに執着して、連日お金持ちでイケメンの男性と結婚出来ますように、などと必死に祈ってばかりいたら、幸せにしてあげようと見えないところで動いていたご先祖様や、女神さまも、いい加減参ってしまいますからね。

叶う夢しか、思い浮かばない

それから、あなたが夢（イメージ）で描いたことは、ちゃんと叶うんです。と言うより、あなたが本当にしたいことや、なれる可能性のある事しか思い描けないように、この世は出来ているんです。

例えばアメリカの大統領になりたいと、あなたは思ったりしませんよね（生まれたところが日本ですから資格がありません）。

また、40歳過ぎて本気で今からパリコレに出るようなスーパーモデルになりたいと思ったりも、多分しないと思います（こちらの方は可能性のある人はいるかもしれませんが）。

だからあなたは、アメリカの大統領にも、スーパーモデルにもなれないんです。

つまり、人は自分からかけ離れたものは夢見ませんし、理想にもしないのです。

願うという事は、出来ること、叶うことだから願望として生まれて来る。ですから、意外と叶うことなんです。

このことを知ると、幸せになるスピードがぐんと速くなります。

お金持ちになる6つの方法

お金持ちになるには6つの方法しかありません

ところで、誰しもお金持ちになりたいと思うものですよね。

お金持ちに！　という人でなくても、ゆとりのある生活になりたいと思うのは、普通だと思います。

それでは今から、お金持ちになる方法をお話ししましょう。

はっきり言って、**お金持ちになるには6つの方法しかないんです。**

ちなみにサラリーマンやOLだけをしていては、お金持ちになるのは、ほぼムリです。

お金持ちになる6つの方法

まず1つ目は、独立すること。個人事業でも法人でも。自分で事業を興して経営者になることです。成功した分だけお金持ちになります。

そして2つ目は、才能を磨いてお客様を呼ぶ。あるいは印税生活をするか、講座や講演をして回ること。

3つ目は、お金持ちと結婚すること。

4つ目は、お金持ちの家に生まれること。

5つ目は、投資をして、財産を増やしていくことです。

そして6つ目が、宝くじなどクジで当選すること。

どれも自分には無理、と思ってあきらめてしまうか、どれか一つあるいは二つトライしてみるかで、きっと大きな開きが出て来るでしょう。

前述した「ちょっとハードなこと」へのチャレンジは、お金持ちになるためにも活きて来ます。

人生を10倍楽しむ方法⑪

一般論はウソばかり、騙されるな！

そして知っておいていただきたいことの一つは、世間で言われているデータのウソにダマされない、ということ。

例を挙げると、「起業すると3年で半分が倒産、5年で8割が倒産し、10年で95％が倒産する」と言われていますが、これをそのまま数字通りに自分に当てはめる必要はありません。

10年後には、10社中1社も生き残っていない。それほど、成功率がないんだったら……やめとこうか、となります。

一般論はウソばかり

でも私が鑑定して来てわかったことは、成功する人は、いくつもの会社を成功させている、という事実です。

例えばラーメン店を開くとします。その場合、味や雰囲気、立地条件、料金、品ぞろえ、店員の応対に……80点以上がつけられれば、確実に成功するものです。ですが3年や5年で失敗する人というのは、だいたい味や雰囲気、その他が50点ぐらいしか行っていないのに、お客を増やすことばかり考えて、広告を打ったり、ＳＮＳなどでアピールするという、そんなことに一生懸命になってしまうんですね。

肝心かなめの、味や店の雰囲気といったお客様に満足してもらえることから気持ちが離れてしまうから、うまくいかなくなっています。

成功する人は、何をやっても成功する。これが真実

私は、鑑定のお客様で、５つも６つものことで成功している経営者をたくさん知っています。

それらの方はどこが違うかというと、どの業種の仕事でも、始めるにあたってすごく研究している、という事です。

つまり、80点以上の味やサービス、雰囲気を提供していらっしゃる。だから次々成功する、という訳です。

私のよく知る鳥取県の同郷の社長さんＢさん75歳は、ゴルフ練習場や不動産屋、ラーメン屋さんｅｔｃ……をいろいろ手掛け、どれも成功なさっています。

ラーメン店をオープンするに当たっては、本気で味や店と向き合って、有名な店をたくさん回って、そこのラーメンのおつゆをこっそり頂戴して来て連日研究したそうです。

それほどのいい味を提供するぞ！　という情熱があれば、成功圏内の80点以上はクリアし、必ず成功するでしょう。

万一、味が75点ぐらいと思うなら、笑顔や言葉の心地良いサービスで補って、総合点で合格圏内に入ることも出来ます。

すでに独立していらっしゃる方は、その点をよく省みて、しっかり成功しようではありませんか！

ですから今後、起業を目指している方は、トライすることに対して、むやみに恐れたり、身構えないで欲しいと思います。

高齢者のほとんどが後悔していることとは？

ちなみに現在80歳以上の高齢者の方々に、**人生で悔いが残っていることがありますか？　それは何ですか？**　と訊ねると、多くの人が、

「チャレンジをしなかったこと」、あるいは「もっと思い切ってやってみればよかった」

と答えるそうです。

あなたには、将来そんな後悔をして欲しくありません。

気持ちを強く持って、「やりたいことは全部やる！」ぐらいの、そんな気概のある人でいてほしいと願っています。

人生を10倍楽しむ方法⑫
何でもいい、小さな成功体験を持つ

小さな「成功体験」を重ねていこう！

こんな話をしますと、必ず聞こえて来るのが、

「でも先生、チャレンジしようにも、私、自信がないんです」

そんな声ですね。

大丈夫です。いい解決策をお教えしましょう。

あなたのこれまでの人生にも、きっと数々の成功体験があったことと思います。それをひとつひとつ、思い起こしてみてください。

ピアノの発表会で大きな拍手をもらった、運動会のかけっこ（4人で走り）で1等になった、といったことから、入試で第一志望に合格したとか、素敵な男子に告白された、なんていうのもありそうですね。

こんなことを思い出していると、今の自分が在るのは、たくさんの成功を重ねて来たからということに気づくことでしょう。それがわかれば、もう自信がないなんて、言っていられなくなりますよね。

そしてこれからも、日々どんな小さなことでもいいので、成功体験を重ねていきましょう。コーヒーが上手に淹《い》れられた、親の話を辛抱強く聞けたなど、何気ない1日のうちにも、やる気次第でたくさん成功には出会えるものです。

成功している経営者は、何か成功体験をしている

成功している経営者を対象にした調査では、その全員が小さな成功体験をしている人だった、という調査結果があります。

何でもいいんです。

その成功体験が、自信になり、次の成功を引き寄せるという事です。


こんな事でも、人生は一変する!


ある日鑑定に、女性経営者C子さん（35歳）がいらっしゃったことがありました。頼もしい感じの女性でした。

その方の人生を変えた出来事が、面白いんです。

小学校の時、体育の時間にドッジボールがあったのですね。

その時、逃げ回るばかりのか弱い女の子だったC子さん。

そんな彼女に近距離で思いっきりボールを投げつけた、クラス一のガキ大将がいたのです。

すると彼女は、お腹当たりに飛んできたボールに対し、咄嗟《とっさ》にお腹を引いたのです。

すると、お腹にズボッと入り、それを両腕で見事にキャッチ!!

その時、彼女は、「私は出来る～!」と、ものスゴい自信がこみ上げて来たそうです。

そしてそのボールを、相手の逃げるガキ大将に力いっぱい投げて、当たり!! 周囲も大喝采でした。

この時以来、彼女は自信に溢れた女性になり、今に至っている、というのです。

彼女にとってはそのチョッとした出来事が、最高の成功体験だったのです。

たった一度の成功体験でモテ男に変身したF君の話

そう言えば、たった一度の成功体験で人生が激変した男性もいます。彼のエピソードをご紹介しましょう。

これは私の知人の男性の話なのですが、仮にFさんとします。そのFさん、まったく女性に縁がなくてモテなかった人なのですが、あるとき会社の上司が、「Fにはナンパでも体験させて女性への免疫をつけさせなアカンな」と思い立ったのでした。

そしてFは上司に言われるまま、ナンパにいそしんだのですが、非情にも3日続けて20人も30人も立て続けに断られる始末。

さすがに落胆して「僕はダメだ、モテない……」、とあきらめようと思ったのでした。それは当然です。

しかし彼はくじけなかった。そうしてナンパをし続けたところ、ある日遂に1回、成功したのです!!

それで彼は、とても大きな自信を得たといいます。

やはり、「出来ないな……」と思ってやるのと、「私には出来る!」と思ってやるのとでは、結果は天と地の差になります。

そこから彼の快進撃が続き、その後はまさにナンパ百戦練磨! それ以降、女性にモテモテの男性に大変身してしまったのです。

先日もある料理屋さんで、女性を数人引き連れているところを見かけましたが、実に余裕に満ちた振る舞いが魅力的で、女性にモテるのも納得するほど素敵な紳士になっていました。


成功体験で得た自信が、大きな運勢を呼び込む!


たった一度ナンパに成功しただけで、こうも人間は変わるものかと私も驚嘆しましたが、変わるのです。自信というものは本当に人を変えます。

皆さんも小さな成功体験を大事に積み重ねてください。大きな運気招来につながりますよ。

そして過去の成功体験は、今の支えにもなってくれます。何かのことで落ち込んでしまったときには、かつて達成したこと、うまくいったことを思い出しましょう。すると素直に思えるはずです。「私は大丈夫！　出来るんだ！」と。

人生を10倍楽しむ方法⑬

運のいい人と付き合おう

運のいい人、一流の人と付き合っていきましょう

そして次に、10倍幸せになるための秘訣として、人間関係の構築の仕方についてお話しします。

人はどうしても人と関わりながら生きていくものですから、人間関係の良し悪しというのは幸運になれるかどうかと直結します。

まず、お付き合いする方は、運のいい人を選ぶ、という事です。

そんな人の選び方の一つは、あなたが「これだ！」と思う、尊敬できる人と近づくか、一流の方と付き合う。あるいは運気のいい人に注目して、その人が出演するテレビ番組や

YouTubeを見るとか、講演会やセミナーに行く、著書を読む、などするのです。

一流の人と組むと、容易《たやす》くヒットが出る！

私自身の体験をお話すれば、手相家だけでなく作曲家でもある私は、21歳の駆け出しのころに、売れっ子作詞家の松本隆さんとコンビで曲を作ったことがあります。

その曲は私の初ヒットになりました。やはり一流の人と組むと、運気も上がります。また一流の人には、10万枚、20万枚売れて当たり前という世界がありますから、当たり前のように作品が売れます。現にその曲は10万枚を超えるヒットになりました。

そして**一流の人には、一流の人なりの人生観、世界観があります。それに触れることで飛躍でき、自身の成長にも効果絶大です。**

この一流とは、著名人に限らず、人間的にあなたが尊敬出来て、自分もこうなりたいという方ならどなたでもOKです。よい刺激を受けられて、接しているだけで何かの学びが得られる方がいらしたら、ぜひ大切にお付き合いしてください。

運は伝染する

そしてやはり、運のいい人と付き合うことが大切。運というものは伝染するものです。運の悪い人と付き合っていたら、どうしても自分の運が下がってしまいます。反対に運のいい人と一緒にいると、それだけで運気上昇。どんどん発展していきます。

運の悪い相手と別れたら、一気に開運した女性の話

パートナーの影響は多大です。それを証拠づけるような体験談はたくさんありますが、ここで一つご紹介しましょう。

F子さんという20代の女性が交際していた相手男性（30代）の話。

その男性、とにかく金銭的にだらしがなくて、いつもギャンブルにつぎ込んでお金がない。口を開けば愚痴ばかりで、日頃から散々迷惑をかけ続けられるが、腐れ縁で、だらだらと付き合っていた女性F子さんがいました。

そんなF子さんもその不運男との交際期間は、ナゼかツキに見放された状態で、仕事・金運・健康運などなど、人生中の最低時代だったそうです。

それはもう、その男性と一緒に運が悪くなっていたといいます。

これは運の悪いのを、相手からシッカリ写されていたんですね。コロナは必死で防御するのに、こういうもっと重要なことに無防備とは……。

貧乏神の彼と別れた直後から、ガラリと運気アップに！

しかし**ある時F子さんは、その運の悪い男性と別れた途端に、手相がガラリッ！　と良く変わったのです。**

それまでは太陽線（薬指の下に縦線として出る、成功運や金運を表わす大切な線）がまったく出ていなかったのに、その運の悪い男性との関係を断った直後から、しっかりした太陽線が出現して来たのです。それも二本も！

同時に仕事も絶好調になり、表情もハツラツとしはじめたお陰か、一気に魅力度がアップ。今度は誠実で理知的な素敵な男性とめぐり会えるという幸運に出会えたのです。

このようなF子さんの人生の１８０度転換でも分かるように、**運の悪い人と一緒にいると運気最低になり、別れたら一気に運気上昇する、**という事です。

このように、自分のパートナーや交際相手の運は、あなたの運に多大な影響を与えますから、よく見極めていく事が大切です。

あなたの夢を頭ごなしに否定する人も、ダメ！

そんな運を悪くする相手で、もう一つ注意が必要なのが、あなたの夢を頭ごなしに否定する人物です。

こんな人とのお付き合いは、是非とも避けたほうがいいでしょう。マイナスのエネルギーを浴びてしまうことになりますから。

成功し、幸せになりたければ、「あなたなら出来る！」「頑張って！」と勇気付けて、背中を押してくれる人の傍にいてください。

そんな人は運が良くて、陽気で、話していると元気になる人であるだけでなく、夢と希望が膨らんでいく人です。

その人は、あなたに明るいプラスのエネルギーを与えてくれますので、あなたはたちまち運のいい人に運気アップするでしょう！

人生を10倍楽しむ方法⑭

占いを活用する！

占いは天気予報と同じ

私のこの本を読む人なら、占いに理解のある人が多いことと思います。

手相を知っていれば、未来の人生や病気の時期が分かりますから、避ける事も可能です。

天気予報と同じように、台風がこちらに向かっている、3日後には大雨、突風、洪水に注意と知れば、その日は出かけないように事前に対策が練れます。

同じように、今のままお酒を飲み続けていたら、10年後には肝臓がんになる、と出ていたら、そうならないようお酒の飲み方を減らして、病気を避ける事ができます。

でも、ほとんどの人は、その予知が受け取れないものですから、そのまま10年後に病気になったり、災難に遭うことになります。

未来を何でも知っているあなたの潜在意識が、描き出している未来情報、それが手相です。

人工衛星で上空から地上を見て、正確に予測している天気予報と同じく、手相で未来を見通していると考えると良いでしょう。

方位学で見る大地のパワー活用や、タロット（これもあなたの潜在意識がカードに映って詳しく教えてくれます）などなど、活用してみてください。

人生がうんと充実し、楽しくなること請け合いです。

人生を10倍楽しむ方法⑮
芸術を愛する

芸術的人生のすすめ。それは感動の人生

芸術的な心を持つと、人生の幸せ度はうんとアップします。芸術的な人生とは、感動の人生だからです。

例えば、同じプロポーズをするのでも、小汚い飲み屋でするより、海の見える丘の上の映画に出て来るようなレストランで、夜、ワインと高級料理を味わいながら、ステキなＢＧＭ

の音楽を聴きながら……の方が、演出的にいい事は、言うまでもないでしょう。感動の大きさが全然異なります。

同じことを表現するのでも、文学は文字の配列の違いだけですが、その微妙な言葉使いや、情景の描き方など、溢れるような情感や人情の機微が読み手の感情を揺り動かします。

男女の恋愛をとっても、そこに何百万曲もの感動的な曲が生れる。映画でも小説でも、何百万というラブロマンスが生まれる。

ですから、何をやるにも、素晴らしい演出（＝感動）には芸術的なセンスや才能が必要になってきます。

チョッとした表現の工夫で、感動が5倍にも、10倍にもなるんです。すなわち幸せが5倍、10倍になる。

それが、芸術的センスであり、芸術的人生という事です。

芸術的人生は、感動を呼び起こします。

感動の量＝芸術的な心、センスの腕前になります。

同じ1500円の食材が、作り手によって300円の料理にも、10万円の料理にも化身する

また、1500円分の食材があっても、その作り手によって、300円の値打ちもない不味い料理（見た目もヒドイ）になったり、3万円や、10万円にもなる、驚くほど美味しい（見た目も実にセンス良くて美しい）料理になります。

このように、同じ1500円の素材でも料理人のセンスで最低から最高の味の差が出る。

それは**つまり芸術的センスのあるなしによって、人生の幸せ度に大きな差が生まれる、という訳です。**

芸術を何か一つ愛そう

音楽（作曲や楽器演奏）でも絵でも、陶芸や文学や作詞、あるいは映画を愛したり何か大好きな芸術を行うことは、あなたの人生をより感動的で楽しく、たくさんの幸せに導いてくれることでしょう。

ですから、どの分野でも一流という人たちは、自然に芸術を追求するわけです。

例えば、有名医師でありカメラマン。財界の大物でありながら画家。事業家でありながらピアニスト、政治家でありながら小説家、という風に自然に芸術を愛しています。

芸術は、人生を楽しくする！

このように、私は手相だけでもとっても面白い豊かな人生が得られたのに、さらに音楽も出来ることにより、私の人生にどれ程大きな喜びや感動が増えたことか。

よく作曲をしていると、始める前は疲れた顔をしていたのが、数分で、ピカピカの元気いっぱいの顔に変わる！　と驚かれます。

私のケースを話させていただきましたが、同様に、絵が分かる人は、それだけ幸せが増えます。

また芸術ではないですが、サッカーが上手ければ（あるいは試合を観ることが大好きなら）、サッカーの事で人生が面白くなるし、気の合う仲間とサッカーに興じ、その分、人生の喜びが増えることは言うまでもありません。

私の母は、囲碁のお陰で認知症とは程遠い晩年だった

私の母親は、囲碁のアマチュア６段の父から囲碁を教えてもらい、70歳位から始めたのですが、人生にこんな面白いものがあったなんて、と言っていました。

母は、父といっしょに経営する自分の会社を定年退職した後、自身の晩年の人生が、本当に充実して幸せそうだったのは、囲碁という一芸を身に付けたことが何より大きかったと思います。本当に楽しそうでした。

そしてこのことは、他のメリットも与えてくれました。会社引退後も、80代になっても囲碁で頭を使うお陰で、本当に晩年もシッカリした思考能力を維持していました。

このように芸術など、趣味でも何でも、夢中になれる事があることは人生を10倍面白くします。

この「芸術的人生のすすめ」の話を、幸せを15％しか得ていない人生を大転換する章の最後に、お話ししました。

本書が、皆さまの幸せの一助になれば、私も著者として本当に嬉しい限りです。

西谷泰人　YASUTO NISHITANI

手相家 / 作詞・作曲家
ライフコンサルタント
ゲット・ラック国際アカデミー主宰

アメリカのABCラジオで数多くの有名人を鑑定、話題に。

これまで鑑定した人々は世界各国の政治家、財界人、文化人、芸術家、スポーツ選手とあらゆる分野に及び、その数は優に8万人を超える。

著書は海外でも翻訳され、売り上げ累計450万部以上に。

鑑定の問合せ、お申し込みは㈱創文まで。
下記ホームページからお申し込み下さるか、
電話：045-805-5077（10：00〜18：00　土・日・祭日除く）まで。
https://www.nishitani-newyork.com/

5000人のプロ占い師を育てた『西谷泰人 手相スクール』
開催中！（方位学・人相も学べます）
―3か月後 あなたは手相家に―

あなたは才能を15%しか使っていない

発行日　カバーに記載

著　者　西谷泰人
発行者　西谷泰人
発行所　株式会社　創文
〒245-0024　神奈川県横浜市泉区和泉中央北2-10-1
TEL. 045-805-5077　　FAX. 045-802-2408
印　刷　美研プリンティング株式会社

ISBN978-4-902037-27-2　C0036